COMO TIRAR O PAÍS DO ATOLEIRO

Os caminhos necessários através de economia, política e educação

Cacildo Marques

ISBN: **978–1548515393**

Obra em 2ª edição, com revisão da edição de 2016.

COMO TIRAR O PAÍS DO ATOLEIRO

Cacildo Marques

ÍNDICE

PREFÁCIO À SEGUNDA EDIÇÃO

Depois da publicação da primeira edição deste livro, percebi que é necessário apresentar um caminho novo para a construção paulatina do regime democrático, sem tutela, com cidadania. São vários os motivos para isso.

I) É muito difícil convencer os "diretistas" a abrir mão de suas crenças.

II) Não só os românticos convictos defendem o presidencialismo direto.

III) A adoção do semiparlamentarismo com diretas presidenciais representa mudança cosmética, e é mais uma frustração para o eleitor.

IV) Quem enxerga a história a partir da Psicologia Social vê que, uma vez que as diretas presidenciais significam garantia perene de educação medíocre, outro arranjo precisa ser tentado.

V) Sabendo que a má educação latino-americana é fruto do romântico presidencialismo direto, é irresponsabilidade ficar calado e fechar os olhos.

VI) Se continuamos a esperar, a mesquinhez intelectual e a arrogância que contaminam a nós brasileiros nos impedirão de reconhecer que cometemos erros, fazendo-nos manter sempre nossa velha prática de pôr a culpa em outrem.

VII) Brasília é cidade administrativa já consolidada, e ao manter nela apenas as funções governamentais, não as de chefia de Estado, estaremos livres do custo imenso que ela representa.

Ante essas ponderações, vi que é recomendável que o país inicie processo de cura invertendo o mecanismo eleitoral do semiparlamentarismo, por estabeler eleição direta para o chefe de governo, não para o chefe de Estado.

O que venho propondo é o que segue: **(A)** separar os cargos de chefe de governo (ministro-chefe, eleito diretamente em *outubro*, com vice do mesmo partido) e chefe de Estado (Presidente Federal, escolhido pelo Senado em *agosto* de todo ano par não bissexto mediante indicações dos governadores – três nomes em ordem alfabética, apresentados em *março*; **(B)** permitir uma reeleição subsequente do chefe de governo, mas nenhuma recondução do Presidente Federal; **(C)** votar em primeira opção partidária e segunda opção partidária, para chefe de governo, realizando dois "turnos" em uma única votação; **(D)** manter o chefe de governo em Brasília, mas instalar a residência do Presidente Federal no Rio (capital secular); **(E)** fazer metade mais um dos ministros entre filiados ao partido que faz mais cadeiras na Câmara, contados no dia da posse; também fazer metade dos ministros na elite "técnica" (exatas e tecnologia) e metade na elite clássica (biomédicas e humanidades), reduzindo para dez as pastas; **(F)** manter-se a regra constitucional de eleição presidencial e substituição como válidas para chefe de governo, enquanto a Constituição se omitir quanto ao Presidente Federal; **(G)** que o Presidente Federal transforme o ministro-chefe, o chefe de governo, em seu procurador quanto a nomeações civis e contratos. O máximo de partidos na Câmara deve ser seis.

A eleição do "Cônsul da Cultura", apresentada no livro, deve ser adotadamais à frente, não só para satisfazer a ilusão da escolha popular, ali de uma forma sadia, mas também para instruir o cidadão simples quanto à diferença entre romantismo e política. Se mudarmos positivamente, o modelo que faz de nós um país excluído da ciência (Nobel) e da arte (Oscar) estará banido. Só é necessário ter coragem, desde que nossa arrogância se dissipe e a humildade permita!

O autor

INTRODUÇÃO

Fatos sociais devem ser vistos como coisas. São fatos sociais a religião, a moral, a economia, a política, a educação, a tributação, o esporte, o trabalho e a coabitação, entre muitos outros. Modos de agir, como embarcar no trem ou gritar "gol", estabelecem-se como fatos sociais.

Os positivistas, que antecederam Durkheim e de início pregaram o ateísmo, terminaram por aceitar o papel da religião como essencial no funcionamento da sociedade, e criaram a religião positivista. Propuseram o fim do Direito, da Psicologia e da Democracia (vitalício, "o chefe escolhe seu sucessor"). O materialismo histórico, sucedâneo rebelde daquele pensamento, rejeitou também o Direito (chamado "o direito deles"), a Psicologia e a Democracia ("burguesa"), mas recusou-se até o fim a incluir a religião em seu projeto de regeneração social, e elegeu a economia como o elemento condicionador da consciência, através da forma de produção.

Nas últimas décadas, religião e economia deram lugar à educação como fato social prioritário, na visão da maior parte dos estudiosos. Poucos se atrevem a ver a política nesse papel, e os políticos em peso alardeiam que o princípio de tudo está na educação, a partir da qual serão resolvidos problemas de segurança, saúde e economia.

Pierre Bourdieu, no entanto, viu a educação como um processo de reprodução. A escola serve como centro de reprodução dos modelos vigentes, em cultura, economia, política e assim por diante. O motivo da eleição da educação como chave do progresso social vem das estatísticas que mostram os mais escolarizados como detentores de maior renda. Isso só tem relação com o porte de diploma na medida em que esse documento reflete aquisição de tirocínio. Se, para fazer a escola chegar a todas as crianças, autoridades acreditam que a qualidade do ensino tem de cair, e põem em prática essa doutrina, então aquelas estatísticas deixam de fazer sentido quando projetadas para o futuro. Tampouco constrói um país uma escola que alcance a todos, mas que forme apenas "caçadores de emprego".

Educação depende, pois, da política.

Pode-se perguntar então se a política é mais influenciada pela economia ou pela religião. A resposta é: por ambas, mas a primeira influencia de modo explícito, enquanto a segunda domina a mente e as decisões do agente político, candidato ou eleitor, de modo subliminar, quase sempre imperceptível, formando o que o materialismo chamou de "superestrutura", e a psicanálise, para o nível individual, chamou de "superego".

A economia tem grande peso na política quando o cidadão se sente roubado desde cima. E há dois modos de isso acontecer de forma generalizada: (a) por aumento de impostos e (b) por aumento de preços. O caso do aumento de preços, que, quando continuado e disseminado, transforma-se em inflação, é, sem dúvida, o mais decisivo. Os levantes populares e os consequentes transtornos nos meios governamentais provocados por altas da inflação são os acontecimentos que levam muitos a achar que a economia é o fato social primevo, a partir dos quais os outros se desencadeiam. Uma alta exagerada na taxa de desemprego, que deveria ser o fenômeno mais execrado pelo cidadão - e que para Keynes é o verdadeiro problema econômico -, é entendida como resultante de crise externa ou de algum desastre natural, como safra sem demanda, seca ou geada. Por mais que isso desconcerte quem tenha estudado em manuais românticos, as pessoas tendem a se conformar com desemprego, disparidade salarial (que não fira a equiparação estabelecida em lei) e poucas posses. Mas se diminuírem o dinheiro no bolso do cidadão, por inflação ou por exagero nos impostos, o sangue ferve. Disso pode surgir alguma tentativa de golpe de Estado, incluindo a solução militar, mas é um caminho obsoleto desde a fundação da ONU, usado no século XXI apenas em países muito atrasados, onde a assimetria de informação ainda domina (os regimes militares dos anos 1960 e 1970 em várias partes do mundo foram perpetrados por generais e civis com cérebro formado antes da I Guerra Mundial).

Quanto à influência da religião, a maioria não desconfia de como ocorre essa ação. Primeiro, porque há pouco peso da religião correntemente adotada, comparada à religião dos pais e avós de cada pessoa. Mas é a religião dos ascendentes próximos que molda a maneira de sentir, pensar e agir do eleitor. A economia participa disso também, mas só quando está relacionada à atitude da família frente ao mundo do trabalho.

Cacildo Marques

I - ECONOMIA

Três mulheres com os nomes de três das quatro virtudes cardeais aristotélicas, a Temperança, a Prudência e a Justiça, reúnem-se num jantar, em casa de Temperança, a moderação, na cidade de Santos. Ela convidou as duas amigas para conversar sobre a situação complicada da economia e da política do país nos últimos dias, considerando que elas são cidadãs bem informadas, com experiência na administração pública e com ideias sobre os caminhos que devem ser seguidos.

- Temperança, tu estás gravando nossa conversa? - perguntou Prudência, ao ver um aparelho eletrônico sobre a mesa.
- Sim, estou - respondeu Temperança. Portanto, evitemos falar coisas que nos comprometam no futuro.
- É só não esquecermos que este aparelho está ligado, à nossa frente - brincou Justiça.
- Temos muitos problemas que merecem análise, mas eu proponho que conversemos primeiro sobre economia, depois política e, finalmente, educação - disse Temperança. - Qual é vosso parecer sobre essa pauta?
- Concordo, porque, conforme La Rochefoucauld, todo ato

9

humano é movido por interesse próprio, e isso é economia - disse Prudência.

- Concordo também - disse Justiça, - mas não pelo motivo alegado pela Prudência, e, sim, porque, como diz o dito popular, a parte mais sensível do corpo humano é o bolso.

- Eu estou sentindo falta da Fortaleza aqui, Temperança - disse Prudência. Por que não a convidaste?

- Fortaleza tem de cuidar dos negócios do Exército - disse Temperança. Não deve discutir política fora da caserna, ainda mais nesses tempos difíceis.

- Temperança está certa, Prudência - interveio Justiça. Também acho que não devemos envolver Fortaleza em nossas discussões.

Temperança estava vestida de amarelo, e ao receber as amigas notou que Prudência estava de vermelho e Justiça, de azul.

- Na última vez em que nos reunimos aqui, as duas estavam de cor trocada - estranhou Temperança. Prudência estava de azul e Justiça de vermelho. Por que a inversão agora?

- Estou de vermelho - disse Prudência - porque é a cor do Partido Republicano dos Estados Unidos, e, como eu tenho simpatia por Abraham Lincoln, decidi homenageá-lo.

- Estou de azul - disse Justiça, rindo - porque é a cor original do partido de Lênin.

- Quanto a mim, continuo no meu amarelo - disse Temperança. Eu gostaria de usar verde, mas é a cor preferida da Fortaleza, e não quero que ela ache que eu tenha mudado de ponto de vista.

*B*enefícios

- Voltando à economia, o que tu achas, Ju, das medidas de ajuste fiscal que o governo enviou tempos atrás ao Congresso Nacional? Concordas que o governo tem mesmo de cortar despesas? - perguntou Prudência.

- Sem dúvida - respondeu Justiça. Não se trata de instalar o assim chamado "Estado mínimo", mas de optimizar custos, com "p" mesmo, e racionalizar a administração.

- Para provocar Justiça, eu acho que os benefícios sociais deveriam ser cortados - afirmou Prudência. Até mesmo o ensino público deveria ser pago.

- Prudência está propondo um ajuste fiscal muito drástico - disse Temperança.

- O ajuste dela é aquele que os conservadores propõem - disse Justiça. Ao contrário de eliminar a gratuidade do ensino público, o que se deve é ampliar o sistema, se não durante a crise atual, mais à frente.

- Inclusive doando materiais a quem não precisa? - desdenhou Prudência.

- Sem doação de materiais aos que possam pagar - respondeu Justiça.

- Por que o ensino público deve ser gratuito para todos, mas os materiais devem ser pagos pelos que podem fazer isso? - perguntou Temperança.

- Boa pergunta, Tempe - disse Prudência. Explica-nos essa incoerência, Ju.

- Não há nenhuma incoerência - disse Justiça. Bens tangiveis não devem ser doados pelo Estado, porque o Estado não deve tentar substituir os pais no sustento de seus filhos, mas apenas ajudá-los, quando não há outra saída para o bem-estar das populações.

*E*mprego

- Qual deve ser a saída correta? - perguntou Temperança.

- O pleno emprego, disse Justiça. Quando esse regime for finalmente instituído, apenas os inválidos devem receber benefícios do Estado sem contrapartida, com punição rigorosa para os fraudadores.

- Esta é uma ideia tua? - perguntou Prudência.

- Não, respondeu Justiça. A proposta é de Malthus, que não estava preocupado apenas com alimentos, como se divulga por aí. O problema analisado por ele foi o conjunto de consequências da superpopulação. Hoje podemos ver que isso leva à escassez de água potável, à redução das florestas, ao aquecimento global, à morte dos corais nos oceanos e muito mais. Mas não foi Malthus que mostrou o caminho para o pleno emprego, e, sim, Keynes.

- Keynes morreu em 1946 e não se chegou ainda a uma implementação duradoura do sistema de pleno emprego - disse Temperança. O que falta?

- Faltam duas mudanças na sociedade - respondeu Justiça. Uma é conceitual, e outra é legal. A conceitual é que a proposta de Keynes foi deturpada, e a correção deve ser feita. Ser keynesiano não significa defender intervenção do Estado na economia em momentos de crise. Isso é uma grande sabotagem contra as ideias dele. Como ele escreveu em artigo, todo o trabalho dele na economia visou à implantação do pleno emprego, ou desemprego abaixo de 1%, e isso não se faz com intervenções em momentos de crise apenas, porque em regime de "laissez-faire", como ele demonstrou, não se tem o equilíbrio de mercado, a não ser em ocasiões especiais. Convém lembrar que fora do "laissez-faire" há dois caminhos: o da política pública, que é democrático, e o da economia planificada, soviética, que é sempre ditatorial, até que alguém possa demonstrar o contrário. A segunda mudança, como eu disse antes, é na legislação. De fato, é pesado para o sistema público garantir sempre o pleno emprego com o modelo de trabalho que prevaleceu até o início do século XXI. Se cada trabalhador está usando a máquina em dois turnos, matutino e vespertino, faltarão vagas para muitos cidadãos em idade ativa. A solução é dividir o dia de trabalho em dois turnos, com dois empregados em cada máquina, um no turno da manhã, antes das 13h, outro no turno da tarde, a partir desse horário.

- Com isso, o trabalhador da manhã tem de começar seu dia às 5h, resmungou Prudência.

- Não, disse Justiça. Pode ser às 7h, reduzindo-se o turno diário de cada um para seis horas. Se essa redução é muito drástica para a economia das empresas, pode-se começar com turnos de 6 horas e meia, das 6h30 às 13h, ficando o turno da tarde entre 13h e 19h30. Usando os sábados, isso dá até 39h semanais para cada empregado. Desse modo, fica muito fácil chegar ao pleno emprego. A redução em relação ao horário semanal de 40h é de apenas 2,5%, ou um 40 avos, o que significa reduzir um salário de 2.000 unidades monetárias para 1.950. O ônus pode ficar nas costas do empregado, mas o empregador pode decidir arcar com esses 50, oferecendo-os como aumento, por conta do aumento de produtividade e lucro que o pleno emprego necessariamente trará.

- Além do pleno emprego - disse Temperança, - vejo outra vantagem nesse sistema de dois turnos: o alívio nos transportes públicos das grandes cidades.

- Sim, concordou Justiça. Os trabalhadores se dividem em dois fluxos, e então o transporte público volta a ser humano, mesmo com a estrutura atual.

- Nesse teu sistema, os patrões terão liberdade de exonerar empregados? - perguntou Temperança.

- A figura da exoneração fica abolida, sem prejuízo aos patrões - respondeu Justiça. Quando a empresa não precisar mais do empregado, ela não o manda para a rua, como foi durante séculos, mas encaminha-o para o sistema de realocação, que é um serviço do poder público. Enquanto não entrar em nova empresa, ele trabalha no sistema de "enterrar garrafas", em uma das várias atividades que o governo oferece aos que ainda não se empregaram nas empresas e aos que estão em transição, tendo sido dispensados de sua empresa anterior. Uma dessas atividades é a do caça-braços, o indivíduo que procura desempregados para levar ao mercado de trabalho ou ao governo. Assim, na prática não há desemprego involuntário, mas o ônus não recai sobre o patrão.

- Vossa capacidade de sonhar é muito grande, zombou Prudência. Não vejo possibilidade de governos e empresas aceitarem isso.

- Sei que não vês - disse Justiça. Então peço que não tentes impedir que outros vejam.

- Muita calma, garotas, interveio Temperança. Não vos chamei aqui para reproduzir as brigas de rua que estão sendo mostradas na TV.

- Tampouco eu vim para brigar - disse Prudência.

- Talvez não, disse Justiça. Mas vieste para fazer provocações.

- Não podemos impedir Prudência de ser pessimista, disse Temperança. É o jeito dela.

- Mas precisamos de moderação na discussão, disse Justiça.

- Que significa esse "sistema de enterrar garrafas"? - perguntou Temperança.

- Questionado sobre como empregar a todos se nem sempre haveria trabalho suficiente para fazer - disse Justiça, - Keynes lançou a metáfora do "enterrar garrafas". Se não há nada mais a fazer, que se empregue o cidadão para fazer isso. Obviamente, sempre haverá trabalho mais útil.

- Que achas, Ju, do costume dos últimos tempos de abertura do comércio aos domingos? - perguntou Temperança.

- Eu por mim acho uma boa medida, que gera mais empregos - disse Prudência.

- Talvez até gerasse empregos - respondeu Justiça, - se houvesse fiscalização rigorosa e funcional por parte das autoridades do trabalho. Muitos querem a comodidade de fazer compras aos domingos, mas isso poderia ser apenas no turno da manhã, até às 13h. Antes de adoecer, o Papa João Paulo II fez um apelo contra o avanço do trabalho aos domingos, mas não adiantou. O correto é proibir comércio regular aos domingos a partir das 13h. Todos têm direito de comer o macarrão da vovó à tarde.

- Decidimos iniciar o debate com o tema economia e estamos discutindo desemprego, como se fosse este o problema - reclamou Prudência.

13

- É este o problema, sim, disse Justiça. Keynes, ainda Keynes, escreveu que "problema econômico" é sinônimo de "desemprego".

- Prudência parece preferir Hayek, arriscou Temperança.

- É verdade, disse Prudência. Hayek não estabelece a dependência em relação ao Estado para que a economia se desenvolva.

- Hayek garante que os problemas sociais se resolvem com estado de direito e democracia - explicou Justiça. De fato, se o estado de direito for sempre garantido e a democracia puder desenvolver-se, sem interrupção, a sociedade poderá, no longo prazo, encontrar solução para o desemprego, porque um caminho importante e pouco utilizado é o fortalecimento do empreendedorismo, por exemplo. Num sistema verdadeiramente democrático, os rentistas estão em ínfima minoria em relação aos trabalhadores. Então as regras que prevalecerão são as que favoreçam os assalariados e pequenos empreendedores. Mas não se pode alcançar estabilidade e segurança rejeitando os avanços da ciência.

- Concluir que a solução está na interferência do Estado não é um bom resultado da ciência - provocou Prudência.

- O Estado era um instrumento da delinquência, em seus primórdios - disse Temperança. Os que arregimentassem um grupo mais poderoso de bandoleiros, tomavam o Estado, e permaneciam no comando de forma vitalícia, com fortalezas e outros recursos, até que um bando mais forte os derrotasse. Era o tempo da tirania. Hoje as relações são muito diferentes.

- Vejo que Temperança está reforçando as pregações de Justiça - reclamou Prudência.

- Estou apenas apresentando uma constatação, incontestável - replicou Temperança.

- Exatamente - concordou Justiça. Embora muitos ainda achem que o Estado é um covil de bandidos, não é mais assim. Ladrão que decida roubar do erário público não terá carreira muito longa. O Estado é a sociedade de todos os cidadãos, ao contrário das demais sociedades civis, que são formadas por grupos particulares. Se precisamos de grandes empreendimentos inaugurais, como enviar pela primeira vez na História uma frota da Espanha à América, ou enviar o primeiro homem à Lua, precisamos do apoio do Estado.

- Acho que não precisamos mais desses grandes empreendimentos - afirmou Prudência.

- Precisamos, sim, disse Justiça. Para instalar o pleno emprego, por exemplo. Só não devemos permitir a explosão demográfica, porque ela destrói qualquer programa de emprego que se implemente. Para o controle basta implementar a proposta de Aristóteles, de idade mínima para o casamento. A coabitação só deve ser permitida para maiores de 28.

$\mathcal{T}$rabalhismo

- Empresários têm reclamado muito nos últimos tempos do aumento do número de ações trabalhistas que têm de enfrentar nos tribunais - comentou Temperança. Dizem que o empregado demitido busca na maioria das vezes direitos que não lhes competem, e que isso resulta em custos para a empresa. Como se pode resolver esse problema?

- Tenho também ouvido de empresários - disse Prudência - que a alta carga de impostos mais esse problema das ações trabalhistas são os maiores fatores de desestímulo ao investimento por parte do empreendedor. É necessário fazer uma campanha de conscientização entre os trabalhadores, de modo que busquem direitos quando realmente esses direitos existem, e não por mera vingança contra os ex-patrões que os demitiram, e quase sempre porque a empresa já não está bem.

- É importante essa ideia da Prude - disse Justiça, - mas tem pouca efetividade. É como pedir ao boxeador que não revide depois de levar um soco, legítimo ou não. A solução prática é criar um mecanismo na lei de modo a tornar o trabalhador mais responsável, e isto se faz transformando-o em sócio.

- Como se faz isso? - perguntou Temperança.

- Na empresa de capital aberto - respondeu Justiça, - todos os empregados que ganham acima do salário mínimo são obrigados por lei a adquirir ações. Desse modo, se forem demitidos, terão duas atitudes: vender suas ações ou mantê-las. Se escolherem a primeira opção, não tentarão quebrar sua empresa com ações judiciais, porque lutarã para que suas ações não percam valor. Se a opção for manter as ações, mais ainda terão motivo para trabalhar pela saúde de sua antiga empresa.

- E junto à campanha proposta pela Prude - disse Temperança, - é necessário embutir o ensinamento de que a relação entre patrão e empregado é a de parceiros de negócios, não de pai e filho, de modo que o empregado deve ter sempre em mente que o patrão não tem obrigações em relação a ele além das que a lei explicita de antemão, como pagar os salários indiretos, que são as férias, o abono de fim de ano, o fundo de garantia e outros, e também garantir os adicionais, como os de insalubridade e periculosidade, quando for o caso.

- Concordo, disse Justiça. O empregado deve se informar quanto a seus direitos ao ingressar na empresa, não ao sair dela. E os patrões também devem ajudar o empregado a conhecer seus direitos, porque se eles os sonegam, o preço será muito mais alto depois, sendo este o espírito da Consolidação das Leis do Trabalho, a CLT. Por exemplo, o registro na carteira profissional é uma garantia para os dois lados, não só para o do contratado, já que se o patrão quiser fugir de garantir direitos deixando de fazer o registro, basta que o empregado prove com testemunhas que foi contratado informalmente na data tal e o patrão terá de arcar com todos os pagamentos atrasados, o que não será fácil.

- Não achas, Tempe, que muitas garantias da CLT são abusivas, e precisam ser flexibilizadas? - perguntou Prudência.

- Não acho - respondeu Temperança. Essa demanda vem mais do lado dos que acham que pagar salários indiretos são encargos que a lei impõe. Ora, são salários, embora não apareçam explicitados na carteira profissional. São salários indiretos.

- E deveriam aparecer na carteira, complementou Justiça. A lei deve exigir que todos os salários indiretos sejam escritos na carteira profissional, logo depois do salário direto. Desse modo, o empregador saberá qual é seu salário anual, e o patrão também saberá claramente qual é o salário completo de cada empregado. Ele não deve alimentar essa sensação injustificada de que o salário a que o trabalhador faz jus é só o salário direto e que o resto é imposição descabida da lei.

- Muitos sindicatos não vão gostar - disse Prudência, - porque convém a eles martelar que o empregado ganha só o salário direto, que para a imensa maioria é pequeno, o que dá força na hora de lutar por melhorias.

- Isso é um fato - concordou Temperança, - mas as conveniências dos sindicatos não devem estar acima da verdade. Trabalhar sobre a mistificação dá sempre resultado pior, por mais que se tenha ilusão.

- Qual deveria ser o período do mandato de um presidente de sindicato, Prude? - perguntou Justiça.

- Dois anos, respondeu Prudência. E sem direito a recondução no mesmo posto, em qualquer época.

- Por que tomar uma medida tão drástica? - perguntou Temperança, rindo.

- Porque é necessário extinguir o mecanismo de formação da aristocracia sindical, respondeu Prudência.

- A Prude está correta nisso - disse Justiça. Depois de anos na presidência de um sindicato, o antigo trabalhador passa a tratar seus colegas de ramo como "eles", a não ser que se autopolicie muito, porque o distanciamento o torna diferente dos antigos companheiros, transforma-o num político profissional, e sem abrir espaço para seus colegas de categoria profissional.

- E com o limite de dois anos na presidência - disse Temperança, - só os líderes competentes despontarão, por sua boa atuação, não por sua longevidade no cargo.

- Uma questão vive me atormentando ultimamente: menor de idade deve trabalhar? - perguntou Justiça.

- Não tenho dúvidas - disse Prudência. Desde os 14 anos. Dos 14 aos 18, apenas cinco horas por dia. Aliás, a lei proíbe o trabalho só para menores de 14 anos, estando na condição de aprendizes os de 14 a 16.

- Querer que menor trabalhe não é política dos conservadores? - perguntou Temperança.

- Pelo contrário - disse Justiça, - a menos que tu julgues conservador o materialismo alemão. É do materialismo histórico a proposta de trabalho a partir dos 12 anos de idade.

- Então por que passaram a pregar no Brasil que é coisa avançada permitir o trabalho apenas a partir dos 18 anos? - perguntou Temperança.

- Isso é de uma desonestidade gritante - disse Prudência. Os mesmos que dizem isso, acham engraçado criancinha de dois ou três anos de idade trabalhando arduamente como atores de telenovela. Então para esses indivíduos maldosos, trabalho glamouroso é bonito, mas trabalho manual, de pobre, é feio e deve ser proibido. O que está por trás dessa distinção tem nome: preconceito! O preconceito contra o trabalho manual no Brasil é a maior doença psicológica coletiva que nós cultivamos.

- Como fica a conciliação do trabalho com a escola? - perguntou Temperança.

- A ideia de escola regular em tempo integral, com oito ou dez aulas normais por dia - disse Prudência, - é coisa de torturador. Se a criança e o jovem têm cinco aulas normais por dia, isso é divertido. Mais que isso, é inferno diário. Não é à toa que numa das escolas de tempo integral, no bairro da Mooca, em São Paulo, no início do século, os adolescentes, que estavam em aula desde o início da manhã, passaram a quebrar todo o prédio da escola a partir das 17 horas, sem deixar um único vidro intacto. Se o adolescente tem aula em um turno do dia e no outro turno está em curso de preparo profissional, como treinamento de piano ou de natação, este já vem sendo encaminhado, e não deverá ingressar em trabalho normal. Aos outros, que não se chuce como a um touro na arena, submetendo-os a aulas regulares o dia inteiro. Que se permita o trabalho como aprendiz. O aprendizado do trabalho é tão importante quando o da escola regular, mais para o rico que para o pobre, ainda que o rico que seja muito arrogante não o mereça.

*L*icitação

- Prudência, qual deve ser o caminho a se seguir com vistas a eliminar ou reduzir drasticamente a corrupção? - perguntou Temperança.

- Há muita preocupação com o fim da corrupção e muitas propostas de enfrentamento, mas tudo isso peca por um problema que se chama "mais do mesmo" - respondeu Prudência. As sugestões giram em torno de apertar o cerco aos que cometem ilícitos, mas isso é o que se faz há mais de três mil anos.

- O que se deveria fazer agora? - indagou Justiça.

- Para proteger tua casa tu não instalas mecanismos para prender o ladrão, ou cobrar multa dele - disse Prudência. Tratas, isto sim, de tentar impedir que o ladrão entre em tua casa.

- O problema é que o Estado é a sociedade de todos, como Justiça disse há pouco - contestou Temperança. Como se resolve isso?

- O Estado é de todos, mas o governo é do grupo que recebeu a incumbência de exercer o poder, por tempo determinado - respondeu Prudência. Quem exerce o governo tem de cumprir a lei, e também lutar para que as leis sejam corretas e funcionais.

- Que leis devem ser consertadas primeiro então? - perguntou Justiça.

- A primeira entre todas, que é a porta da corrupção ou da lisura, conforme o modo como ela venha escrita ou interpretada, é a Lei de Licitações - respondeu Prudência. E paralelamente à correção dela, deve-se eliminar das regras da ABNT, a Associação Brasileira de Normas Técnicas, todo item que propicie abertura para a corrupção. De qualquer modo, a aplicação da Lei de Licitações deve permitir que se fuja a regras da ABNT toda vez que a correspondente regra internacional for mais segura. Um exemplo foi a barragem de Mariana, que se rompeu, provocando o maior desastre ecológico da história brasileira. A regra da ABNT sobre a questão é mais frouxa que a correspondente regra internacional. Além da frouxidão, outro defeito da ABNT é incorporar regras que beneficiem indústrias de qualidade inferior, com vistas a salvaguardá-las da competição internacional. É um modo disfarçado de instituir reserva de mercado sem anuência do parlamento.

- Sobre a ABNT, quem tiver dúvidas só precisa lembrar-se da tomada de três pinos - afirmou Temperança, jocosamente. Quanto à Lei de Licitações, como seria uma nova formulação?

- Tenho aqui na pochete uma tirinha que escrevi quando soube que

18

viríamos discutir o país, disse Prudência. O legislador brasileiro deixará de errar tanto se esquecer a ilusão de que legisla para pessoas bem-intencionadas. Ele tem de se armar do espírito contrário a esse assim que tomar posse no Parlamento. A nova lei precisa ter a seguinte configuração:

1) *Preço*. O critério do menor preço é mantido.

2) *Qualidade*. Especificações detalhadas são demandadas.

3) *Exclusivismo*. Veta-se exigência que privilegie uma só concorrente.

4) *Prazo*. Não entregar produto ou serviço no prazo gera rescisão.

5) *Fração*. Grandes contratos são fracionados, contra oligopólios.

6) *Consórcio*. Veta-se consórcio de empresas, por competição.

7) *Subcontratação*. Vencedora é proibida de contratar perdedoras.

8) *Teste*. Firma tenha ao menos cinco anos, se em campo não novo.

9) *Norma*. Dispensa-se ABNT se idiossincrasia é frouxa/obsoleta.

10) *Juízo*. Sai de nova rodada quem anular resultado na justiça.

- Alguns pontos precisam de esclarecimento, disse Temperança. Por exemplo, o que seria "exigência que privilegie uma única concorrente"?

- Pensei que isso estivesse muito claro, respondeu Prudência. Um edital poderia exigir um item que só dada empresa tem condições de fornecer. Por exemplo, a tecnologia do jato de tinta em impressoras era exclusiva da HP, mas concorrentes como Canon e Epson desenvolveram sistemas alternativos. O edital, portanto, teria de evitar exigência do padrão "jato de tinta", que excluía as empresas concorrentes.

- Acho que o ponto mais decisivo aí no combate à corrupção é o do prazo, disse Justiça. Empresas vencedoras de licitação abusam da possibilidade de renovar prazos e então levam mais dinheiro do que o previsto inicialmente.

- É verdade - concordou Temperança, - mas se a empresa não puder cumprir o prazo por motivo de força maior, como fica esse ditame da lei?

- Nada justifica o relaxamento, respondeu Prudência. A rescisão é automática e a empresa que não entregou a obra, ou o serviço, mesmo que por ocorrência de um terremoto ou coisa equivalente, tem de sair fora e pagar a multa contratual relativa à rescisão, e que nesse caso de não-cumprimento de prazo deve ser pesada, de modo que o poder público seja recompensado ao abrir licitação para a conclusão do trabalho iniciado. O risco da não-entrega faz parte do custo, e ninguém pode alegar ter sido pego de calça curta. Além da multa, a empresa excluída por não cumprir prazo fica proibida de concorrer em novas licitações por um período de pelo menos cinco anos. O motivo de força maior, nesse caso, pode ser uma atenuante. Se ela foi excluída por causa de um terremoto, um tornado ou algo assim, e não por negligência, fraude ou incompetência, então fica livre para concorrer a qualquer momento.

- Podes explicar essa ideia do fracionamento? - perguntou Justiça.

- Por exemplo, a construção de uma grande rodovia, ou ferrovia, de 500 quilômetros ou mais, que seja entregue a uma única empresa, isso leva à concentração de poder na mão de uma única pessoa jurídica, o que criará oligopólios, necessariamente. Se a rodovia atravessará vinte municípios, podemos dividi-la em cinco trechos, fazendo cinco licitações, sob a condição de que cada concorrentes inscreva-se apenas para um único trecho. Este é um mecanismo do poder público para fortalecer a concorrência, palavra que, não por acaso, na língua espanhola é "competencia".

- Sobre a exigência da maturidade da empresa - disse Temperança, - abre-se exceção para "negócio novo". Como é isso?

- Não se pode permitir formação de empresas visando a fornecer um produto de ocasião - respondeu Prudência. A concorrência deve dar-se entre empresas que já estão consolidadas na praça, existindo há pelo menos cinco anos. Mas pode surgir uma tecnologia absolutamente nova dominada apenas por empresas recentes. Se for este o caso, e o poder público precisar mesmo licitar nessas condições, não havendo empresas com um mínimo de cinco anos de idade no ramo, então a lei deve permitir a exceção. Mas deve estar claro também que a situação é excepcional, porque a maior parte dos casos de tecnologias recentes é incorporada por empresas consolidadas.

- Da ABNT já falaste, disse Justiça. Então eu queria ouvir sobre essa questão da judicialização, que é o último item de tua proposta.

- Como eu já participei de comissão de licitação - disse Prudência, - sei que é o segundo ponto mais importante em relação ao combate à corrupção. Essa possibilidade da lei antiga, que permite que uma empresa perdedora entre na justiça, anule o resultado da rodada, derrubando a empresa que venceu por oferecer o menor preço dentro das especificações, essa possibilidade faz com que a cláusula do menor preço caia por terra. Para que ela prevaleça, a liberdade de entrar na justiça contra o resultado deve estar assegurada, mas deve ocorrer por cidadania ou espírito público, não por interesse próprio. Empresa que derrubar o resultado na justiça deve ser excluída das rodadas seguintes para a mesma contratação, mesmo que tenha usado empresas ou indivíduos "laranjas". Se tua empresa perdeu e, querendo participar da próxima rodada, demanda na justiça a anulação utilizando um terceiro, e isso ficar comprovado, tua empresa receberá aquele veto de cinco anos nos contratos do poder público.

Nesse momento, Justiça se levantou para ir à toalete, e Temperança

20

aproveitou para buscar na cozinha um suco de laranja, já que alguém falou nessa fruta, e uns biscoitinhos que ela havia preparado com antecedência para as amigas.

*H*abitação

- Olhando pela janela e observando esse monte de prédios - disse Justiça, - pus-me a pensar em como essa indústria de apartamentos de alto padrão cria um grande mercado de trabalho e gira grande massa de capital. Mas quanto mais se constrói apartamento caro, mas se multiplicam as moradias precárias, dos que não conseguem comprar uma casa.

- Isso está relacionado à ausência do emprego - explicou Temperança. Só quando o país superar essa situação de subemprego e de desemprego é que toda a população poderá contar com moradia digna.

- Vai demorar muito - disse Prudência, - porque esse pleno emprego da proposta da Ju não ocorrerá nos próximos séculos.

- Sem prognósticos agourentos, Prude - reclamou Justiça.

- Havendo pleno emprego, como se pode resolver rapidamente o problema da habitação popular? - perguntou Temperança, dirigindo-se a Justiça.

- Cabe aos bancos, principalmente aos bancos públicos, financiar essa atividade - disse Justiça, - mas o poder público não deve se incumbir de construir casas, devendo deixar isso ao próprio mercado.

- Muito bem pensado, Ju - disse Prudência. Agora falaste algo muito sensato.

- Ainda há mais, disse Justiça. Acho que autoridades políticas devem ser terminantemente proibidas de inaugurar residências ou conjuntos habitacionais. Essa é uma imagem muito triste do populismo latino-americano. Lembra aqueles imperadores romanos depravados que inauguravam as noivas dos súditos.

- Esta ideia merece aplausos - disse Prudência, entusiasmada.

- Se alguma autoridade deve comparecer à inauguração – completou Justiça, - juntamente com a administração da construtora, é a autoridade bancária, que tratou de viabilizar o financiamento, mas sem nenhum viés político-partidário.

- Como garantir que os cidadãos busquem melhorar suas condições habitacionais, evitando que se acomodem nas moradias infelizes em que estão alojados? - perguntou Temperança.

- Todos os empregados devem estar engajados na política

habitacional - respondeu Justiça. Como todos os cidadãos em idade economicamente ativa terão ocupação remunerada, como empregados ou como empreendedores, sobre todos recai o desconto do sistema previdenciário. Não custa quase nada incluir o desconto habitacional. A ideia não é punir ninguém, mas alertar a todos de que todos são responsáveis pela questão. De todo cidadão contribuinte da previdência desconta-se mensalmente um milésimo do salário mínimo destinado à poupança habitacional.

- Hahaha! - gargalhou Prudência. Em que um milésimo do salário mínimo ajudará na indústria da construção imobiliária?

- Como eu disse - respondeu Justiça, - a ideia é alertar o cidadão de que ele é parte do sistema. Se ele já tem sua residência, quitada, esse desconto, mesmo irrisório, serve para trazê-lo sempre engajado na luta. Mas o objetivo não é só esse. Nessa folha de pagamento, com desconto indiscriminado de um milésimo do salário mínimo, faz-se também o desconto da hipoteca contratada quando o cidadão adquirir sua casa à prestação. Esse desconto de um milésimo do salário mínimo transforma-se então em desconto substancioso, durante todos os anos ou meses em que sua dívida com o banco estiver sendo cobrada. Assim que se encerrar o pagamento da dívida, o desconto volta a ser aquele valor irrisório.

- Doar mensalmente dinheiro do erário público para que o cidadão pobre pague aluguel, no modelo chamado "aluguel social", é uma boa política? - perguntou Prudência, dirigindo-se a Justiça.

- Não, respondeu Justiça. Enquanto houver muito cidadão sem casa própria, o correto é o poder público dispor residências de propriedade do Estado. As prefeituras podem utilizar, por exemplo, prédios que se encontram em litígio, com herdeiros brigando na justiça. Uma lei deve determinar que o poder público use esses imóveis para alugar às famílias até que a partilha seja decidida pelos juízes. Outros prédios pertencentes às prefeituras também podem ser transformados em prédio de apartamentos a serem alugados, a preços módicos, com prazo determinado.

- O cidadão poderia alugar por quanto tempo a casa da Prefeitura? - perguntou Temperança.

- Aqui também o prazo deve ser de cinco anos - respondeu Justiça. Mesmo que o inquilino ainda esteja sem contrato para sua casa própria, ele deve abandonar o imóvel e, se necessário, alugar outro imóvel público. Nenhuma negligência deve incentivar a acomodação viciosa do cidadão.

- Qual deve ser o valor? - perguntou Prudência.

- A mensalidade deve ser no máximo de um quarto de salário mínimo para os que têm renda familiar acima de um salário mínimo e meio, e um quinto, se a renda for apenas um salário mínimo - respondeu Justiça.

Ao contrário de a Prefeitura dar, ela deve receber o aluguel.

- Vejo que concordamos em quase tudo nessa questão da habitação - confessou Prudência. Essa política acaba de uma vez por todas com a ocupação indevida de imóveis públicos. Mas, Ju, os métodos da construção civil na feitura de casas são de dois séculos atrás. Não deveria haver uma renovação?

- Sim, respondeu Justiça. A inovação existe, mas ela não se alastra. As casas devem ser montadas a partir de módulos, industrializados. Devem ser instaladas fábricas desses módulos, como foi o caso das fábricas de escolas do governo fluminense sob orientação de Darcy Ribeiro. E deve haver incentivos fiscais às construtoras que usarem os módulos.

- Essas fábricas devem ser estatais? - perguntou Temperança.

- Acho que não há nenhuma necessidade disso - contestou Prudência.

- Só com os incentivos fiscais não há uma garantia de grandes mudanças, disse Justiça. Tampouco o poder público deve tocar fábricas. Mas não podemos contar com o empresariado fazendo isso sozinho, senão teremos de esperar mais duzentos anos. Assim, essas fábricas devem ser iniciadas no regime de economia mista. Nos dez primeiros anos, o poder público tem o controle do capital. A partir daí, vende esse controle, passando a ter menos de 50% das ações.

- Não concordo com isso - disse Prudência, - mas acho que estou em minoria aqui.

- Exatamente, disse Temperança. A ideia da Ju é difícil de ser combatida. O Estado entra como indutor de uma indústria que mais à frente deverá estabelecer-se com independência, como a partir dos imensos computadores dos anos 1940, nascidos em órgãos públicos, vemos hoje oferecidos os "smartphones", presentes no bolso de quase todos.

- Existe ainda uma questão complicada, disse Justiça. Os pobres em geral aceitam morar nos lugares que sua condição econômica permite. Mas há os que ouviram falar em Proudhon, que ficaram "sabendo" que "toda propriedade é um roubo" e acreditaram piamente nisso. Esses querem morar em bairros sofisticados, como os que eles acham que estão lá por terem roubado.

- Proudhon não foi muito original nisso, disse Prudência. Todo ladrão racionaliza sua propensão à pilhagem com esse raciocínio. É só lembrar a primeira reação de qualquer um deles quando é flagrado no delito. Sempre diz ele que todo mundo faz isso. Portanto, para o ladrão toda propriedade é fruto de roubo. E como se busca neutralizar o problema? Com a lei. Todo aluno estudioso e inteligente gostaria de ter uma vaga para estudar em Harvard. Mas o número de vagas lá é muito pequeno, de modo que bons alunos devem aceitar vagas em outras boas universidades. Assim, não é possível que todos morem no Leblon. Quem não tem apartamento lá, nem pode pagar o aluguel no bairro, precisa aceitar morar em outro lugar. Ou a lei e a polícia terão um trabalho hercúleo, como tiveram quando tiraram a Somália da situação de anomia vivida no início do século XXI, assolada pelos bandoleiros do grupo al-Shabaab.

- Temos de entender que o estado de direito e a democracia levam ao estado de bem-estar social através do emprego para todos e da educação séria para todos - disse Temperança, - de modo que a sensação de que esse papel da polícia e da lei de dar prioridade à defesa do patrimônio material, às vezes mais que à defesa da vida, deve fenecer, no longo prazo.

- Eu também concordo - disse Justiça - que a grande disparidade de renda que vemos no país, e também na maioria dos outros países, tem por base a disparidade do nível de emprego e do nível da educação. A educação frouxa e o subemprego que oferecem aos pobres são os dois grandes instrumentos utilizados como barreiras à construção da democracia.

- Sim, concordou Temperança. Enquanto educação e emprego forem um engodo, não se chega à democracia de fato.

- Sobre educação, não tenho dúvidas - disse Prudência. Quanto à questão do pleno emprego, eu já estou quase me convencendo de que minhas interlocutoras têm razão.

$\mathcal{P}$revidência

- Sobre o sistema previdenciário, Prude, o que achas que está errado, ou, melhor dizendo, o que precisa ser consertado? - perguntou Justiça.

- Há muita coisa errada - respondeu Prudência - e o primeiro ponto é que o caixa previdenciário deve ser usado para pagar aos contribuintes dele, não a outros. Pensões de qualquer outra natureza devem vir de algum fundo específico. Por exemplo, a chamada "previdência rural", paga a quem não contribuiu financeiramente com a previdência pública, deve vir de outra fonte, que poderia ser algo relacionado ao Ministério da Agricultura, ou àquele caixa destinado a socorrer aqueles inválidos de Malthus, sem querer chamar os lavradores de inválidos. Já os trabalhadores rurais que contribuírem normalmente com o sistema regular, aposentam-se como os outros, pelo INSS. Um governo que perverta o senso comum, reconhecido pela população, de que "não há almoço grátis", como frisou Friedman, esse é um governo desastroso, amarrado no presente e de costas para o futuro.

- Esse é o primeiro ponto, disse Justiça. Quais seriam os outros?

- O chamado "fator previdenciário" - respondeu Prudência, - tão criticado pelos sindicatos, é algo inteligente, porque trabalha com a ideia de proporção, mas precisa mesmo ser alterado porque foi aprovado carregando uma imoralidade, que é a liberdade de requerer e obter aposentadoria precoce sem abandonar o posto de trabalho. Para coibir o abuso, todo trabalhador que solicitar aposentadoria antes de uma "idade de referência", que pode ser estabelecida em 60 anos, tem de ser obrigado a sair do emprego, e o patrão que continuar remunerando esse cidadão, seja como empregado, seja como prestador de serviço através de pessoa jurídica, deve sofrer multa pesada.

- Isso não leva à aprovação da idade mínima obrigatória, que os sindicatos tanto rejeitam? - perguntou Temperança.

- É outra coisa, respondeu Prudência. Essa idade de referência é a idade abaixo da qual o trabalhador fica impedido de cometer a imoralidade de receber de duas fontes, a do emprego e a da previdência. Como o trabalhador que não corre atrás disso passa a ser visto como bobo entre os colegas, no longo prazo a previdência terá de gastar mais com os trabalhadores da ativa que com os inativos, que já atingiram a terceira idade. Não há fábrica de dinheiro no mundo capaz de sustentar uma insanidade dessas. Com a idade de referência, bobo será quem se aposentar antes da hora.

- Não deveria haver duas idades distintas, de homem e de mulher? - perguntou Temperança.

- Não - respondeu Prudência. Se tivesse de haver diferença, seria uma idade maior para a mulher, uma vez que ela vive dez anos mais que o homem. O argumento para menos idade para a mulher é o de que ela tem a jornada do lar, além daquela da empresa, mas isso deveria receber compensação de outro tipo, não por menos anos de trabalho. Um exemplo é a licença-maternidade. Quem instituiu a idade menor para a mulher no Brasil foi um parlamentar da caserna na época do regime militar, e isso ficou parecendo uma tradição. Mas já é tempo de obtermos a isonomia.

- Deveria haver prêmio para o trabalhador que demora mais para se aposentar? - perguntou Justiça.

- Deveria, sim - disse Prudência. A idade de referência pode ser usada também aí. Os anos que o empregado trabalhar além daqueles 60 anos podem ser revertidos em bônus, de, por exemplo, 30% do montante pago. Por exemplo, se ele se aposenta aos 75 anos, recebe na aposentadoria um bônus referente a três décimos de toda a contribuição que ele tenha feito desde os 60 anos. Faz jus ao bônus quem se aposentar após os 66 anos, com pelo menos 35 anos de contribuição, sem ter sofrido interrupção empregatícia após os 60. É um meio de incentivar as pessoas a trabalharem por mais tempo. Com o sistema de pleno emprego da Ju, isso não traria problema para a entrada dos jovens no mercado de trabalho.

- Mesmo porque estamos já em curva descendente de crescimento populacional - complementou Justiça. O número de crianças e adolescentes no país tem diminuído, de modo que muitas escolas terão de ser fechadas, por falta de contingente, começando pelas municipais, que atendem uma massa maior.

- Antes havia uma distorção brutal, com servidores, principalmente do Judiciário, recebendo na aposentadoria 90 ou 100 vezes mais que um trabalhador comum de CLT - disse Temperança. Parece que isso mudou.

- Mudou, sim - disse Prudência. A reforma previdenciária do início do século, que foi um tanto drástica com os funcionários públicos, limitou o valor mensal a ser recebido pelo aposentado. Foi estabelecido um teto, sempre reajustado, que se situa em torno de 1500 decigramas de ouro, ou 1500 dólares americanos. Sem essa e outras medidas, como a da idade mínima do funcionário público para a aposentadoria, o caixa do INSS já teria produzido uma implosão do sistema público nacional.

$\mathcal{P}$arceria

- Eu gostaria de escutar a análise de minhas amigas sobre a chamada "parceria público-privada" - disse Temperança. Ju, que achas desse modelo de gestão?

- Há uma longa tradição a recomendar que obras públicas, como estradas, hidrelétricas e outras, sejam feitas por empresas privadas contratadas pelo governo - disse Justiça. Não parece sensato querer que funcionários públicos façam esse tipo de trabalho. Também o transporte de carga deve ser feito por empresas contratadas.

- Concordo plenamente, disse Prudência. E já vi gente tentando classificar esse tipo de empresa, a empreiteira, como empresa semi-pública. Acho que não há cabimento nisso. São empresas rigorosamente privadas, que podem trabalhar sob contrato tanto com órgãos públicos quanto com outros órgãos privados.

- Sim, chamar esse tipo de empresa de semi-pública demonstra um viés mal-intencionado - disse Justiça. Porque uma coisa é ser pública, outra é ser privada. Não há o limbo.

- Como ficam então as concessionárias de serviço público? - questionou Temperança.

- São privadas, disse Prudência.

- São aproveitadoras de um sistema apodrecido, argumentou Justiça.

- Por que isso? - perguntou Temperança.

- Apenas dois tipos de serviços da área pública devem estar em mãos privadas - respondeu Justiça. Eles são a limpeza e a carceragem. E devem ser entregues não a qualquer empresa, mas a cooperativas, aliás, os dois únicos tipos de cooperativas de serviço que a lei deve permitir. Porque cooperativa tem de ser de produção.

- E por que só esses dois tipos de serviços não devem ficar com o Estado? - perguntou Temperança.

- Porque é ingenuidade - disse Justiça - esperar que servidores públicos desempenhem bem a função de fazer faxina, assim como no caso da construção civil. Quanto ao sistema penitenciário, aquilo não é escola, é sistema de punição e exclusão, para guardar os indivíduos que feriram as regras de convivência na sociedade, negando portanto o Estado. Os servidores públicos fazem bem esse serviço, mas eles devem cuidar apenas dos presos de famílias ateias ou agnósticas. Os de famílias religiosas devem ser mantidos em prisões entregues a cooperativas formadas por entidades religiosas. Assim, pentecostais cuidam de filhos de pentecostais, católicos cuidam de filhos de católicos, espíritas de filhos de espíritas, e assim por diante.

- E os que são filhos de casais de religiões diversas? - perguntou Prudência.

- Prevalece a religião da mãe, disse Justiça. Se a mãe é católica e o pai é protestante, o preso vai para a prisão cuidada por católicos. Se mesmo sendo filho de pessoas religiosas o filho se apresentar como ateu, isso não importa, porque é a religião da família que teoricamente molda o caráter na tenra idade. Com mais razão este vai para a prisão da religião da mãe, para que se tente complementar, ainda que tardiamente, a formação que aparentemente ele não teve. Esse sistema explicitará um fato que a sociedade não quer ver: as religiões têm efeitos diversos sobre seus fiéis, de modo que umas, em geral as mais extravagantes, têm piores resultados que outras, as mais consolidadas.

- A tendência, no entanto - alertou Prudência, - é entregar as prisões para organizações sociais laicas. É difícil aprovar essa ideia de que deveriam ser apenas entidades religiosas.

- Se for para entregar a organizações privadas laicas - afirmou Justiça, - é muito melhor manter em mãos do Estado, como tem sido. Sempre que tu vires, Prude, uma organização privada laica cuidando de serviço público, a não ser naqueles casos necessários, verás aí um dedo de

27

Mussolini. Os liberais que fiquem espertos.

- Há muitos casos de cooperativas geridas por exploradores, pessoas que não são do ramo dos envolvidos no negócio - disse Temperança. Não é temerário confiar em cooperativas?

- Os membros da cooperativa terão de contratar empregados de escritório e até outros profissionais que não estão diretamente ligados ao serviço prestado - disse Justiça, - mas a chefia tem de pertencer ao trabalhador cooperado. Qualquer caso em que espertalhões montem ou mantenham cooperativas para explorar trabalhadores de outro ramo que não o seu, deve ser tratado como traficância de seres humanos, de natureza equivalente à do lenocínio.

- Deve valer aí também a regra do fracionamento que vimos no caso da Lei de Licitação? - perguntou Temperança.

- Com certeza, respondeu Justiça.

- Ainda não me convenci da impropriedade de concessão de serviços públicos em outras áreas - afirmou Prudência.

- Alguns casos tratados como concessão - disse Justiça, - como serviços de rádio e televisão, são vistos assim porque é o Estado, não empresas privadas, que tem de regular o uso do espaço, então a concessão é por essa peculiaridade. Não é a exploração do serviço que é concedida, mas o uso do espaço aéreo. Já em casos como transporte público, hospitais, distribuição de energia, ensino básico, correios e outros, a concessão do serviço a setores privados destrói a necessária divisão de competências entre público e privado. Misturar dessa forma essas duas esferas consolida a filosofia do "tudo pelo Estado e nada fora do Estado", anunciada pelo fascismo. Por algumas décadas isso estava claro, mas os ingleses decidiram contratar empresas privadas para gerir serviços públicos e o resto do mundo passou a enxergar a prática como um processo normal da democracia. Não é.

- Mas se os contratos forem regidos por uma boa Lei de Licitações... - arriscou Prudência.

- Isso não afastaria o espírito de Mussolini do processo - afirmou Justiça. Mas são três os pontos negativos dessa prática, não só o da filiação ao fascismo. O segundo ponto é que empresários precisam ser incentivados na produção. Se o poder público os rouba de lá e traz para cuidar do serviço que o governo deveria gerir, então há um ataque à economia por parte do Estado.

- E o terceiro ponto? - perguntou Temperança.

- O terceiro é o preconceito de cor - respondeu Justiça. Privatizar serviços públicos é um golpe terrível sobre o emprego das pessoas cuja cor de pele traz desvantagem na disputa de vagas privadas. Vimos no desastre do furacão Katrina, de 2005, em Nova Orleans, o resultado da política de privatização de Ronald Reagan. Os norte-americanos achavam que os negros continuavam a obter empregos, a ter seus carros e suas casas. Veio o rompimento do dique e os brancos pegaram seus carros e fugiram da cidade, com algumas famílias negras. A maioria dos negros se alojou no estádio. Lá estavam apenas os negros, que não encontravam mais concursos públicos para prestar, e alguns hispânicos. O "Efeito Katrina" é, portanto, essa perda sofrida pelas pessoas discriminadas após um surto de privatização de serviços públicos.

- Por que disseste "preconceito de cor", e não "racismo"? - perguntou Prudência?

- "Racismo" é coisa de quem ainda crê que os seres humanos são divididos em "raças" - disse Justiça, - e não devemos replicar a brutalidade dessa gente. Para o comum dos mortais, o que existe é "preconceito de cor". Vamos voltar a essa discussão mais tarde.

- A concessão para cuidar de rodovias, cobrando pedágios, é algo que a população apoia - provocou Prudência.

- Quem apoia é porque prefere pagar caro por uma comodidade a lutar por algo justo, que é o poder público investindo seriamente na manutenção das estradas - disse Justiça. Se os governantes são corruptos e deixam as estradas esburacadas, entregá-las a empresas que cobram tarifas privadas parece uma boa medida, aos olhos dos que não têm espírito público, e querem seu problema resolvido de qualquer modo. Se o governante constrói estradas e depois não inclui no orçamento a verba de manutenção delas, esse é um governante relapso. Entregar a uma concessionária que cobre de novo para tapar os buracos é ser um relapso espertalhão.

- Disseste há pouco que funcionários públicos não fariam trabalho de construção civil e limpeza... - disse Temperança.

- Em regra, não fazem mesmo - disse Justiça. Daí o poder público tem de abrir licitação, para que empresas cuidem das estradas, seguindo o princípio do fracionamento. Elas têm de ser contratadas para fazer a manutenção, não para cobrar do contribuinte por esse trabalho.

- Pelo que entendi de tua visão, Ju - disse Temperança, - a parceria do poder público com a empresa privada é salutar, mas não quando há entrega de serviço público, a não ser nas exceções justificadas.

- Exatamente, disse Justiça. E tudo por causa dos três motivos que eu arrolei: o fascismo, o roubo do empresariado à área da produção e a carga sobre a vítima do preconceito de cor. Outro vício do fascismo é a criação de conselhos formados de modo corporativo, com tanto por cento de funcionários e tanto por cento de usuários, inclusive em escolas e hospitais. É necessário aprovar lei federal proibindo isso. Os conselhos têm de ser formados por cidadãos da sociedade civil, e devem ser remunerados, através de jetons.

- No início dessa discussão - disse Prudência, - eu apostava que a concessão de serviços públicos era algo positivo. Não via nenhum desses três problemas que a Ju apontou.

- Nada como escutar uma engenheira de produção como a Ju, que tem grande conhecimento da área política - disse Temperança.

- Tu como professora de Matemática, Tempe, e eu como psicóloga - disse Prudência - temos muito a aprender com uma pessoa que entende muito bem de produção e emprego.

- Além de muitos outros temas - confirmou Temperança.

- Vamos parar com isso, disse Justiça. - Eu apenas leio muito e tento me aprofundar nos assuntos. É claro que tenho vivência, e ouço muito os mais experientes.

$\mathcal{T}$ributação

- Prude, já que falamos em tarifa, achas que a proposta do imposto único é viável, e, se viável, é conveniente? - perguntou Temperança.

- Viável é, garantiu Prudência. Conveniente, nem um pouco. Além de ser inconveniente, ela é inoportuna e perigosa, porque desmantela a federação, apontando para a criação do Estado unitário.

- Concordas, Ju? - perguntou Temperança.

- Estou de pleno acordo, respondeu Justiça. Henry George, economista americano do século XIX, trouxe ideias importantes para a academia, como o conceito de externalidades, mas ficou marcado com a pregação que se tornou ideia fixa na vida dele, que era a do imposto único ("single tax"), aplicado sobre a renda da propriedade rural. O movimento fabiano, da Inglaterra, deve muito a ele, basicamente por seus livros "Progresso e Miséria" e "A Condição do Trabalho", e Joseph Schumpeter reconheceu que ele, mesmo autodidata, adquiriu todo o instrumental que se poderia obter da educação acadêmica da época. Para o cidadão em geral, seria cômodo pagar imposto para um único arrecadador, que se encarregaria de distribuir o valor para as outras instâncias da administração. Mas essa comodidade resultaria em atrofia dos entes federativos, como lembrou Prude.

- Temos então de estar conformados em pagar impostos para Município, Estado e União - afirmou Temperança. O problema é que não são três impostos, mas vários.

- Como cidadãos, temos de lutar com todos os nossos esforços - acrescentou Prudência - para que não sejam criados novos impostos, e também para que não sejam postos em prática impostos que a Constituição prevê e que não foram implementados.

- Podes dar um exemplo? - pediu Temperança.

- O Imposto Sobre Grandes Fortunas - respondeu Prudência. Ele tem um apelo romântico, na linha Robin Hood, mas não é o que os jovens pensam.

- Está na Constituição por proposta de um homem que se tornou presidente da República - disse Justiça, - e que no cargo ignorou completamente a existência desse seu filho. É um tributo completamente impertinente, porque já a alíquota progressiva adotada pelos Estados Unidos e copiada pela maioria dos outros países não pode ser aplicada de forma rígida, porque mataria a economia. Um imposto além desse, que já não funciona, só serve para enganar os incautos.

- E nos Estados Unidos há milionários que burlam o pagamento da alíquota progressiva e mesmo assim dizem que são favoráveis a um Imposto Sobre Grandes Fortunas - disse Prudência. É conversa muito hipócrita.

- Concordo - disse Justiça. No Brasil, a alíquota máxima do Imposto sobre a Renda é 35%. Nos Estados Unidos, 40%, sobre o faturamento das empresas. Se as empresas sofressem de um surto de patriotismo financeiro e decidissem pagar num dado ano todos os impostos teoricamente devidos, sobrariam apenas as pequenas empresas, que pagam alíquota menor. Todas as grandes empresas estariam quebradas. Se todos pagam 20%, sobram 80% da renda do pequeno e 80% da renda do grande. O que sobra da renda do grande é muito, obviamente, comparado com a sobra do pequeno. Mas a culpa não é da alíquota e sim da disparidade de renda. Aliás, o uso do termo "imposto progressivo" em lugar de "alíquota progressiva" denuncia a lacuna de conhecimento aritmético, que faz com que o cidadão imagine, de forma apedeuta, que alíquotas crescentes é que garantem proporção. Temos de levar em conta que existem, dentro das correntes de esquerda, aqueles pouquíssimos indivíduos que sabem muito bem que alíquota progressiva é coisa incongruente, distante da noção de proporção, mas defendem a prática como forma de confisco de riquezas. Ora, se querem confiscar, deveriam fazer como Fidel Castro, que inspirado no anarquista Proudhon tomou 100% das propriedades ianques na ilha, com todo o equívoco que essa atitude encerra. No mundo moderno, a defesa da alíquota crescente foi lançada por Robespierre, mas essa proposta grosseira não deveria encantar nem jacobinos nem girondinos.

- Então por que essa alíquota de 40% continua, se não faz sentido nem é respeitada? - perguntou Temperança.

- Não faz sentido - disse Justiça, - mas tem uma razão para continuar em vigor. Serve como espada de Dâmocles. Ela é aplicada a ferro e fogo sobre delinquentes que não deixam rastros em outros delitos e estrangeiros que trazem concorrência aos empresários nacionais. Um exemplo do primeiro caso foi Al Capone. Para o segundo caso, muito distante da questão do banditismo, temos o exemplo do brasileiro Eduardo Saverin. Como empresário estrangeiro em solo ianque, tinha de pagar os impostos de acordo com a letra da lei, sem possibilidade de subterfúgio ou manobra. Percebendo que ficaria pobre, transferiu todos os seus negócios para Cingapura.

- No Brasil há muitos que querem cobrar os 35% rigorosamente, e ainda querem implementar o Imposto sobre Grandes Fortunas - disse Temperança.

- São os que ouviram o galo cantar e não sabem onde - zombou Prudência.

- Como as grandes empresas têm de escapar da tributação escrita em lei, e buscam pagar menos - disse Temperança, - elas acabam por pagar menor taxa que a paga pelas pequenas empresas. O correto seria todas as empresas recolherem ao longo do ano segundo a maior alíquota das pequenas empresas, que pode ser de 17%. As grandes empresas ficariam com uma parte para após o balanço, mas a parte paga já estaria garantida para o tesouro. Pagar proporcionalmente menos que as pequenas empresas, isso não é justo. É claro que isso se enquadra na filosofia de fazer o forte carregar o fraco nas costas, cobrindo as deficiências deste, mas serve ao mesmo tempo para esconder a impossibilidade de sobrevivência do pequeno num sistema que beira a competição bruta da seleção natural. E ainda há o aspecto apontado por Paul Samuelson, que é o desestímulo ao crescimento, já que pular para uma alíquota mais alta significa receber punição. Um jeito saudável de taxar riquezas é aumentar o imposto sobre heranças, porque é o imposto menos dolorido. O herdeiro não suou, e o morto não sente dor.

- Realmente não é justo o grande contribuinte pagar proporção menor que o pequeno - disse Justiça. O correto é haver uma alíquota que possa ser paga por todos. Pode ser 20%, ou mesmo esses 17%, mas que seja igual para todos, quer dizer, seja de modo tal que todos paguem a mesma proporção de sua renda. Isso poderia ser conquistado aos poucos, com aproximação paulatina das alíquotas. Depois da unificação, as grandes empresas poderão pagar mensalmente ao longo do exercício anual, como fazem já as pequenas. A arrecadação nacional aumentará. De início, pode-se estabelecer que todas as empresas, grandes e pequenas, pagarão esse imposto ao longo do ano, como fazem as pequenas. As grandes pagam a alíquota referente à metade da taxa máxima das pequenas, como tu propões. Toda a diferença, não paga, referente ao Lucro Presumido, fica para a fase pós-balanço, como sempre foi feito. Isso produzirá, obviamente, uma pequena alteração no sistema contábil. Aliás, o regime de Lucro Presumido, no novo sistema, pode e deve ser adotado por todas as grandes empresas, sem limitação.

- De qualquer modo, a ideia em si da alíquota progressiva parece ser sadia, ou não? - perguntou Prudência. O problema está na discrepância, acho.

- Não há como ser sadia se o princípio é aritmeticamente inconsistente - disse Temperança.

- Como assim? - perguntou Prudência.

- Vamos supor - voltou Temperança - que haja apenas três tipos de impostos, um para cada instância federativa. E que tenham alíquotas progressivas, segundo os números da União. Suponhamos que os menores paguem 20% e os mais poderosos paguem 35%. Ao fim e ao cabo, qualquer imposto incide sobre a renda, mesmo que não tenha esse nome, ou o que se terá é confisco a conta-gotas. No balanço do exercício anual, o pequeno pagou 60%, indo 20% para cada instância. O mais poderoso, no entanto, pagou 105%, três vezes 35%, significando que entregou todo o faturamento e ainda foi confiscado em 5% da renda, o que reduziu seu patrimônio líquido. Em alguns anos, estará completamente falido. É muito difícil desenvolver um sistema tributário pior do que esse imaginado por Robespierre.

- A argumentação é definitiva - disse Prudência. Agora entendi. Ju, é correto haver isenção de impostos? E imunidade tributária?

- Isenção de impostos é instrumento do populismo - respondeu Justiça. Jamais deveria ser permitida, constitucionalmente falando. Quanto à imunidade, isso é certo, como por exemplo no comércio de livros. As unidades federativas não podem cobrar ICMS sobre o produto, porque a Constituição o declara como imune.

- Alíquotas diferenciadas de ICMS entre os Estados também são um grande problema - disse Temperança.

- Criam a chamada "guerra fiscal" - disse Justiça. É preciso trabalhar duro no Congresso Nacional para abolir isso. Somos uma federação, sim, mas as alíquotas de impostos precisam ser unificadas, tanto as estaduais quanto as municipais. Agora, Tempe, Prude diz que não deve haver nenhum imposto novo. Que achas das contribuições provisórias? Devem ser proibidas?

- Não, e elas não são impostos novos - respondeu Temperança. Apenas são voláteis. São instituídas de acordo com a necessidade da instância federativa e desaparecem no prazo previsto, como o próprio nome indica. Num município, uma obra necessária e urgente, e que não conte com aporte federal nem estadual, pode ser realizada através de contribuição provisória.

- E a CPMF (Contribuição Provisória sobre Movimentação Financeira)? Achas que ela é justa, Prude? - perguntou Justiça.

- Coitado do Dr. Adib Jatene, que a instituiu na primeira vez - disse Prudência. Ele imaginou que entraria muita verba para a saúde, o que aliviaria por muito tempo a penúria do setor. Não é justa nem correta. Aos que têm muito pouco dinheiro, parece que é algo leve, porque a alíquota é pequena, e não poderia ser diferente. Mas se tu, Ju, tivesses de vender um prédio de apartamentos naquele tempo, recebendo o pagamento no banco, o valor cobrado pela CPMF equivaleria ao de um carro popular. Obviamente, esse tipo de transação alivia o caixa do governo, mas dinheiro não cai do céu.

- A Prude não quer mesmo pagar impostos, brincou Justiça.

- Não é isso, disse Prudência. Pago meus impostos em dia. Mas temos de eleger parlamentares que lutem para que o Estado não aumente a pilhagem sobre nós. O governo quase sempre quer aumentar impostos para tampar rombo provocado por corrupção e pagamentos de juros escorchantes. Sobre os serviços médicos no interior longínquo, esse problema pode ser resolvido com a volta do Projeto Rondon, extinto no governo Figueiredo. Mas não querem isso porque foi coisa do regime militar.

- O governo ainda vai descobrir - disse Justiça - que o melhor modo de aumentar a arrecadação é instituir o pleno emprego, com o consequente aumento da atividade econômica. Todo cidadão em idade economicamente ativa passa a fazer parte da base tributária. A incerteza não se reduz apenas para as famílias, mas também para o Estado. Em nosso caso, é urgente mudar a natureza do Fundo de Ação contra a Pobreza, da Lei Complementar 111/2001, que vem de uma ideia lançada por Antônio Carlos Magalhães e permitiu a ampliação dos benefícios sociais. Esse fundo passa a dividir-se em dois caixas, um para emprego e outro para benefícios. O caixa de emprego tem de crescer paulatinamente, enquanto o de benefícios tem de diminuir, à medida que se implementa o plano de pleno emprego. Outra lei deve estabelecer que cada uma das 27 unidades federativas crie seu Fundo de Ação pelo Pleno Emprego (FAPE).

*E*xportação

- Nos últimos anos, o uso do câmbio como âncora contra a disparada da inflação trouxe alguns problemas graves para a economia, sendo um deles a queda do volume de exportações - disse Temperança. Ju, achas que há algum caminho para neutralizar esse efeito?

- Mantendo-se a estrutura político-geográfica que o tenente-coronel PM Kubitschek e o general Golbery do Couto e Silva nos legaram, não há saída nas próximas décadas - respondeu Justiça. E não temos de questionar a capacidade de Golbery, que era homem culto e habilidoso. O problema foram os equívocos dele nos campos político e geográfico.

- É difícil imaginar que a geografia política tenha alguma influência aí - disse Prudência.

- Certamente - disse Justiça, - do contrário o problema não existiria. Ele existe exatamente pela acomodação à caverna. Na Alemanha dos anos 1920 as pessoas se cansaram do Efeito Weimar e escaparam dele. O desastre que veio no fim da década seguinte era de outra natureza. Aqui, o Efeito Weimar criou raiz. Mas vamos discutir isso depois. Temos de lamentar o fato de que nossos produtos de exportação voltaram a ser basicamente os dos anos 1950: minérios e itens agropecuários. Os brasileiros precisam mesmo ter orgulho de sua agricultura, que tem elevado o PIB, mas não devem conformar-se com o quase desaparecimento da indústria de transformação.

- As aeronaves têm um papel importante na balança comercial - disse Prudência.

- O avião é o único produto industrializado hoje a ter um lugar relevante no volume das exportações - disse Temperança. Se a Embraer não tivesse sido instalada, ficaríamos praticamente sem indústria exportadora, porque a proporção dos automóveis é muito pequena no conjunto.

- Teríamos de descobrir um modo de competir com a China - afirmou Prudência.

- A China se valeu de programas de qualidade, sustentados por investimentos crescentes na melhoria da educação, e na mão de obra muito barata, o que garante a competitividade pelo preço no mercado internacional - disse Justiça.

- O salário do trabalhador brasileiro é muito baixo, mas não tanto quanto o dos chineses - disse Temperança. Portanto, não será pelo preço da mão de obra que poderemos melhorar a competição. Programas de qualidade são também muito incipientes aqui.

- E não há como esperar bons programas de qualidade se o nível da educação não for melhorado - disse Prudência.

- A política de substituição de importações instituída nos anos 1930 perdeu completamente o sentido agora - lamentou Temperança.

- Mas não devemos nos conformar com isso - disse Justiça. Qualquer governo sério precisa retomar essa política.

- Como conseguir isso? - perguntou Prudência.

- São três frentes: campanha mercadológica ("marketing"), implementação de programas de qualidade, incluindo reengenharia, e investimento financeiro substancioso, principalmente através do BNDES - respondeu Justiça. A campanha de valorização do produto nacional deve visar, primeiramente, aos grupos mais instruídos da sociedade, que são formadores de tendências e têm poder multiplicador. Por exemplo, o interior de São Paulo conta com várias dezenas de vinícolas, não só em Jundiaí e São Roque, que se sustentam vendendo sua produção aos consumidores das redondezas, ou de outros Estados, porque os supermercados da capital do Estado oferecem apenas vinhos importados, com algumas exceções de marcas do Rio Grande do Sul. Se os paulistanos cultos forem convencidos de que o produto do interior têm alta qualidade, passarão a gastar menos e a ter mais satisfação em suas compras. Quanto aos postos de trabalho, não devemos temer a automação, porque isso só resulta em desemprego agregado quando não existe política inteligente de emprego. Quanto maior o nível de automação no chão de fábrica, maior a necessidade de mão de obra no comércio e em outros serviços.

- Mas se o trem urbano passa a funcionar sem o condutor, guiado através de computadores, como fica o emprego do antigo maquinista? - perguntou Prudência.

- O antigo condutor passa a trabalhar como relações públicas da companhia dentro dos vagões, acompanhando os passageiros - disse Justiça. Em qualquer situação de emergência, o público precisa de uma voz humana presente, para orientação, não de mensagens que venham apenas da central de operações. O trabalho algorítmico tem de ser mesmo feito por máquina, mas não o trabalho eminentemente humano, que demanda criatividade e decisão em tempo real.

- A automação pode finalmente devolver ao trabalhador aquela humanidade que a Revolução Industrial roubou dele, como foi bem denunciado no filme Tempos Modernos, de Chaplin - comentou Temperança.

- E tomara que governos e sociedade civil - complementou Justiça - assimilem a exata dimensão dessa mudança.

- Uma política de câmbio favorável ao exportador - disse Prudência

- também reabilita a indústria interna do turismo, porque, com câmbio artificialmente valorizado, o turista tem procurado outros destinos.

- Realmente, disse Temperança. E o turismo é um produto de exportação que não precisa ser expedido além-fronteira. O comprador vem buscar aqui mesmo.

- É o produto mais cômodo de exportação - disse Justiça, rindo. O que não devemos é permitir que um país seja sustentado pelo turismo, como ocorreu com o Egito e a Grécia tempos atrás. Se o turismo refluir, por culpa de queda na economia dos outros países, o restante da economia interna deve ter força para levar o pais adiante, sem instalar uma crise profunda.

- O Brasil também já teve suas fases de exportação de recursos humanos - disse Temperança.

- Como assim, Tempe? - perguntou Prudência.

- Exportávamos músicos, até uma certa época - respondeu Temperança. Com a queda do nível da educação, esse produto perdeu espaço. Mas passamos a exportar atletas, principalmente do futebol. Ultimamente, se isolarmos ínfimas exceções, não exportamos nada rentável, a não ser alguns manequins, que abrilhantam passarelas mundo afora.

Qualidade

- Se os programas de qualidade não se alastrarem pelo país - disse Prudência, - não há como competir no mercado externo nem com os produtos de fora no mercado interno. Tu achas, Ju, que podemos vislumbrar esse salto cultural algum dia?

- Temos de vislumbrar, sim - disse Justiça, - e não temos de ficar adiando isso indefinidamente. O Ministério da Indústria tem de iniciar pressão nesse sentido no tempo mais curto possível. Não há outro caminho, pois ficar esperando significa afundar o país.

- Mas há o gargalo do baixo nível da educação - disse Temperança.

- Se não há uma competição pela melhora, há competição "natural" pela piora - disse Justiça. É necessário consertar isso, com propósitos conjuntos, uma coisa puxando outra. A indústria necessita que os alunos se formem na escola elementar, sexto ano, dominando os rudimentos da geometria euclidiana, as operações com frações e a base da gramática. A criança deve aprender que fração é divisão indicada, e assim a divisão de decimais passa a ser contemplada. Não é algo tão distante, mesmo porque tínhamos isso antes de 1990, quando o populismo iniciou a desmontagem do nível de aprendizagem nas escolas. As demonstrações geométricas e outros conhecimentos científicos e artísticos, do ciclo ginasial, são importantes para o desenvolvimento da vida acadêmica. Quanto àquela formação inicial do capital humano, a própria indústria deve encarregar-se de exigir dos sistemas de ensino.

- A indústria não demandará formação mais avançada, essa do nível ginasial? - indagou Prudência.

- Demandará, mas só para os cargos técnicos e de chefia - respondeu Justiça. Faz parte dos pontos do Programa da Qualidade de William Edwards Deming o treinamento no local do trabalho. E faz parte também o aprimoramento contínuo da educação. Uma coisa não anda sem a outra.

- A turma ligada à indústria fala muito em Qualidade Total - disse Prudência. O que exatamente isso significa?

- A filosofia da qualidade na economia é coisa antiga - respondeu Justiça. Antes das descobertas de Deming junto aos operários japoneses nos anos 1950, o que se tinha era o conceito de Qualidade Aristocrática, que significava pagar mais para ter o melhor. Era algo inquestionável: para eu comprar uma charrete melhor que a do vizinho, eu tinha de pagar um preço mais alto. Essa noção ainda frequenta a cabeça das pessoas desinformadas.

- Como se deu essa virada? - perguntou Temperança.

- Deming é tido como o engenheiro que fez a descoberta - respondeu Justiça, - mas ele escreveu que os operários, com quem ele trabalhava no Japão, no pós-guerra, foram os responsáveis por constatar a novidade: que quando se aplica a nova gestão da qualidade, que é a da verificação no processo, a cada passo, o produto sai mais barato. Isso porque as falhas vão sendo corrigidas em todos os momentos, de modo que não se tem no fim o grande desperdício do descarte das peças prontas, e que tenham defeito, como ocorria no sistema antigo de controle de qualidade.

- Eis então a Qualidade Total! - exclamou Prudência.

- Ainda não - disse Justiça. O que se passou a chamar de Qualidade Total foi um novo ingrediente incluído no processo, que é a satisfação do cliente. Podemos aplicar a moderna filosofia da gestão da qualidade para preparar e assar o melhor bolo do mundo, mas se o resultado não é o bolo que o cliente quer comer, se não resolvemos o problema que o cliente espera que resolvamos, nosso produto não passou pelo crivo da Qualidade Total.

- Isso não embute o risco de um certo populismo industrial? - indagou Temperança.

- No campo da cultura, e também da política, o risco é imenso -

respondeu Justiça, - mas na área puramente técnica não há risco nenhum. Podes ver que usando esse modelo na música comercial, ou na literatura popular, os produtos de maior sucesso de vendas terão qualidade no nível da execução, mas serão cada vez mais pobres em informação. Os deputados com mais chance de eleição, construídos pelos profissionais mercadológicos, podem ir pelo mesmo caminho. O antídoto a esse desastre é a elevação contínua do nível da educação geral. Já na compra de um carro, de um celular ou de um refrigerador, os produtos que oferecem a melhor resposta técnica ao cliente são os de maior qualidade, sem dúvida. E são cada vez mais baratos.

- Os pontos de Deming no programa de qualidade são em número de quatorze - disse Temperança. Qual deles tu achas mais importante e mais indispensável?

- Todos são importantes - respondeu Justiça, - mas o mais fundamental é o último, o engajamento de todos: engajam-se todos os membros da organização no processo, incluindo, principalmente, a alta administração, sem a qual todo programa fracassa. Junto a ele, o primeiro ponto, a constância de propósitos, porque se todos estiverem engajados, mas os propósitos não tiverem continuidade, não se alcançará a melhoria.

- Todos os cidadãos deveriam conhecer os quatorze pontos, ou só os envolvidos na indústria devem ter esse domínio? - perguntou Temperança.

- Todos os trabalhadores - respondeu Justiça, - da indústria ou de qualquer ramo de atividade, devem conhecer os quatorze pontos e também as cinco Doenças Mortais da Qualidade, que são falta de constância, ênfase em lucro imediato, avaliação de desempenho profissional individual, trocas frequentes de gerentes e uso apenas de números visíveis. Deming tinha um certo horror da prática de uso perverso e leviano dos números, como se faz nas avaliações, no estabelecimento de cotas e assim por diante.

- Existem também outros autores que desenvolveram programas diferentes - disse Prudência.

- Existem, sim - disse Justiça. Mas é preciso ter cuidado ao consultar, por exemplo, a internet. Há muita confusão, inclusive com inversão das próprias conclusões de Deming. Ele foi a pessoa que revelou ao mundo a virada do conceito, que substituiu a velha qualidade aristocrática pela moderna gestão da qualidade. Os autores que vieram depois deveriam ter-se preocupado em aperfeiçoar o método, e não em deturpar. Por exemplo, alguns incluíram como um dos pontos do programa a busca do "defeito zero", algo que representa mais um uso leviano do número. Deming deixou claro que o propósito não é o "defeito zero", uma ilusão que foge ao alcance humano, mas, sim, a melhoria constante e persistente.

- O que leva, no longo prazo, ao que se convencionou chamar de "desencanto da qualidade" - completou Temperança.

- Como evitar esse desencanto? - perguntou Prudência.

- A resposta está no quinto alerta das doenças mortais - respondeu Justiça. Quando se começa um programa de qualidade, a melhoria é numericamente visível para qualquer um, porque há um grande salto. Com o passar do tempo, os ganhos serão cada vez mais refinados, sem pulos, como ocorre em qualquer curva de aprendizagem. A constância de propósito significa que os envolvidos não devem permitir o retrocesso. Por menos que se avance, é necessário melhorar sempre. Num nível alto de qualidade, uma queda será visível por todos, enquanto que os avanços serão muito pequenos, pouco aparentes, mas têm de ser buscados sempre, e além dos números aparentes.

- A gestão pública, em suma, o governo central do país, deve também aplicar programa de qualidade? - perguntou Prudência.

- Sem dúvida - respondeu Justiça, - e com alarde, porque a chefia do governo é a alta administração do país. Se o governo cobrar qualidade na indústria e não der o exemplo, não verá um resultado satisfatório. Mas é essencial que a lei pode as asas dos governantes quanto ao abuso com demagogia, ao uso leviano dos números e a outras desonestidades.

- É correto culpar empregados quando algo sai errado no processo da qualidade? - perguntou Temperança.

- Não é - respondeu Justiça. Deming incorporou nos quatorze pontos um preceito do engenheiro romeno Joseph Moses Juran, graduado nos Estados Unidos, segundo o qual "o erro está no sistema". Se o operador de uma máquina está errando constantemente, fora do padrão de seus pares, então ele foi posto no lugar errado, e o sistema é que cometeu o erro. Culpar esse empregado é transferir para a parte indefesa o ônus pela falha geral de gestão. É necessário exonerar esse empregado? Não. É necessário realocá-lo, levando-o a trabalhar com algo que ele possa fazer bem.

- Para obter uma certificação ISO-9000, a exigência na questão educacional é que os empregados sejam alfabetizados - observou Prudência. Isso não é muito pouco?

- Certamente é pouco, mas não é algo despropositado - respondeu Justiça. Uma empresa pode ter cem empregados, sendo 99 com curso ginasial e apenas um com educação só de primeiro ano primário, mas que é exímio no *métier* dele. Não deverá ser esse detalhe que venha a impedir a empresa de ganhar sua certificação. Quem deve pressionar para um maior nível de escolaridade dentro da empresa é a competitividade. Muitos

40

empregados com baixa escolaridade podem até garantir mão de obra mais barata, mas deixam a empresa fragilizada no meio da concorrência.

Comércio

- Prude, tu que já foste comerciante, dona de loja, achas que o comércio é mesmo fundamental no desenvolvimento do país? - perguntou Temperança.

- Acho, sim, é claro! - respondeu Prudência. O tamanho do PIB não é necessariamente refletido no comércio visível, mas a distribuição de renda, sim. Quanto mais se espalha o comércio regular pelas cidades e ao longo do país, mais a população está em condições de gastar. No entanto, o comércio clandestino, dos ambulantes, é sinal de alta taxa de desemprego.

- Bem observado - concordou Justiça. Na fase áurea da indústria do petróleo, ainda no século XX, víamos países exportadores com PIB altíssimo, mas quase sem comércio interno, porque não havia distribuição de renda. Os lucros iam para o bolso de alguns magnatas, apenas.

- Isso mostra que a política de impostos não deve ser algo estanque, sem resiliência - afirmou Temperança. Os princípios devem ser rígidos, mas não os números. Os legisladores e o governo têm de olhar esse tipo de situação e adaptar as taxas, para que haja uma política condizente de créditos ao mercado e para que o investimento na educação possa ser alavancado. Concordas, Prude?

- Sim, a política fiscal deve ser usada com mobilidade sobre produtos, para incentivar indústrias que necessitem de incentivos e para onerar aquelas que estão em situação demasiadamente confortável - respondeu Prudência.

- E para não haver erros de momento é que nossa Constituição incorporou o princípio da anualidade - disse Justiça. Uma alteração na política fiscal, com aumento de taxa ou novo imposto, nunca pode ser aplicada dentro do ano em que foi aprovada, mas sempre no ano seguinte.

- O idealizador do banco de microcrédito, Yunes, acha que ele deve ser instituição privada - disse Temperança. Concordas com isso, Prude?

- Sim, disse Prudência. Ele sabe das coisas. Um banco público está suscetível a corrupções e a discriminações injustas.

- Santa ingenuidade, Prude - reclamou Justiça. No banco público, o desfalque chama-se corrupção, enquanto que no banco privado ele tem o nome de furto, ou roubo. Falência de banco privado é quase sempre resultado de desfalques. E se fosse algo apetitoso para o setor privado nacional, banco de microcrédito já seria uma realidade consolidada no país. Se queremos um, há de ser por iniciativa do poder público.

- Teremos mais uma estatal, para cabide de empregos - ironizou Prudência.

- Com governos demagogos, num sistema político prejudicial, será isso mesmo - disse Justiça. Mas a ideia de eliminar a ação do governo só porque o sistema político é suscetível a corrupção traz em si o desejo de voltar aos tempos do mercantilismo, muito anterior a David Ricardo. Em vez de reduzir drasticamente o Estado, com medo de governos ruins, temos é de corrigir o modelo político.

- O banco de microcrédito pode ser introduzido como empresa de economia mista - disse Temperança.

- Sim, nos mesmos moldes das fábricas de módulos de construção de residência - disse Justiça. E o mesmo sistema deve ser usado para termos de volta as fábricas de trem. Já vem funcionando uma fábrica de trens em Araraquara, mas ela é coreana, da Hyundai. Uma concorrente brasileira é necessária, como resgate, pois quando tínhamos nossas fábricas de trens, a Coreia do Sul tinha, no máximo, fábricas de bicicletas, sem querer desmerecer esse tipo de indústria.

- Dada a importância desse tipo de banco - interveio Prudência, - acho, sim, que podemos tê-lo no início como empresa de economia mista, com controle estatal.

- Justamente - completou Temperança, - porque os pequenos produtores e os pequenos comerciantes não têm acesso fácil a crédito nos bancos comerciais usuais, muito menos no BNDES.

- Se tivéssemos esse banco já funcionando, a Prude não teria vendido a loja - arriscou Justiça.

- É quase certo que a teria mantido - concordou Prudência, - mas eu aproveitei o fim do negócio para fazer meu curso de pós-graduação. Comerciante não tem tempo para a academia.

- Sim, em geral o comerciante investe nos estudos dos filhos - disse Justiça, - porque o seu próprio estudo fica prejudicado com a dedicação aos negócios. E há um detalhe ainda no comerciante: em geral ele aposta no ensino público gratuito, porque sabe o valor de cada centavo.

- O acadêmico pode ganhar dinheiro apenas como investidor - disse Temperança. É o que fazia Keynes, que aplicava muito em ações e acompanhava a evolução, enquanto lecionava na faculdade.

- Os estudiosos do banco de microcrédito concluíram que os maiores cumpridores dos contratos são as mulheres, tanto que alguns advogam que esse tipo de empreendimento só deveria emprestar para elas, não para os homens - disse Prudência.

- É o mesmo fenômeno do seguro de carro - disse Temperança. Durante muito tempo as companhias observaram que o seguro contra acidentes tinha mais dispêndio com contratantes homens que com mulheres, que são mais cuidadosas ao volante. Finalmente, usaram os dados estatísticos para oferecer serviço de valor diferenciado. Mulheres passaram a pagar preço menor pelo seguro.

- No caso do microcrédito - disse Justiça, - o banco pode usar o mesmo raciocínio, sem vetar o empréstimo ao homem, mas cobrando da mulher uma taxa de juros menor, sempre de acordo com a estatística. Naturalmente, os maridos preferirão que suas esposas contraiam o crédito e, em consequência, elas tomarão conta do capital, para honrar o nome feminino.

- Essas nuances mostram claramente que o banco de microcrédito é uma necessidade, e urgente - disse Temperança.

- Além do problema do crédito - disse Prudência, - outro grande gargalo na criação de pequenas empresas é a burocracia. São necessários muitos carimbos, em muitas repartições, e o tempo de espera é enorme, sem falar dos gastos com toda a papelada.

- Os cartórios e as juntas comerciais são órgãos necessários - disse Justiça, - mas devem investir na simplificação de seu trabalho, reduzindo número de passos e custo para os clientes. Ganharão menos de cada um, mas receberão muito mais no agregado.

- Será bom haver um órgão no governo para tratar da desburocratização? - perguntou Prudência.

- Não da desburocratização, mas da simplificação burocrática - explicou Temperança. Já existiu até um ministério da desburocratização, mas isso é ilusão. Como há muita desonestidade disseminada ainda pelo país, não se pode confiar no fio do bigode. Carimbos e assinaturas serão itens indispensáveis por várias décadas, talvez por séculos. Apenas teremos de instituir como obrigatório o mínimo necessário.

- Além disso - disse Prudência, - cartórios, juntas comerciais e secretarias de finanças precisam ser didáticos, para que o cidadão não fique dando volta, como barata tonta. É necessário que os processos sejam muito bem explicados, no papel e na internet, antes de iniciados. Hoje, para conseguir cinco carimbos, o cidadão precisa dar dez viagens, sendo inútil a metade delas, só porque é tudo muito mal explicado. Para cobrar impostos, aí os governos são ágeis.

- És tu que pensas - disse Justiça. Como o dinheiro não é dos governantes, mas da população, até para a cobrança de impostos a burocracia é contraproducente. É necessário simplificar também isso.

- E tudo ficaria muito mais fácil se eliminássemos os empecilhos do caminho do empreendedor - disse Temperança. Um comércio pujante é motivo de alegria para todos.

- E, inversamente - disse Prudência, - quando vês as lojas fechando as portas, exonerando comerciários, tens o sinal mais claro de que a crise econômica se instalou.

Agricultura

- Também na agricultura um programa de qualidade pode ser aplicado? - perguntou Temperança.

- Sem dúvida - respondeu Justiça. Qualquer área de produção ou serviço deve adotar programa de qualidade.

- Atualmente 80% da população do país reside na área urbana - disse Prudência. Mesmo assim, muitos são os grupos de sem-terra exigindo assentamentos no campo. Achas, Ju, que ainda faz sentido fazer uma reforma agrária?

- Sempre faz, enquanto ela não for realizada - disse Justiça. Mas a expectativa de uma reforma agrária imediata é causa de conflitos e até de muitas mortes.

- Então propões uma reforma agrária de longo prazo? - perguntou Prudência. Isso não prolongaria o conflito por muito mais tempo?

- Dependendo de como se faz a proposta - interveio Temperança, - será conflito a perder de vista.

- Por isso a ideia de fazer reforma imediata deve ser descartada - disse Justiça. Desde os irmãos Caio e Tibério Graco, em Roma, toda vez que se decretou divisão de terras já ocupadas, a medida levou a mortes.

- Como resolves isso? - perguntou Temperança.

- A colonização inglesa da Austrália destinou a cada imigrante inglês uma gleba de 200 hectares, como extensão máxima - disse Justiça. Não precisamos de um limite tão pequeno, e eles chegaram à Austrália para ocupar terras devolutas, aceitando-se que não estavam tomando as áreas dos aborígines. No caso brasileiro, as terras estão registradas em nome de proprietários. Não se deve apoiar proposta de confisco, porque só os muito ingênuos não sabem onde isso vai parar. O limite, que pode ser de mil hectares por proprietário, consegue-se no longo prazo.

- Como assim? - perguntou Prudência.

- Toda vez que um grande proprietário morrer - disse Justiça, - cada herdeiro só receberá um máximo de mil hectares. O excedente tem de ser vendido. E cada novo proprietário de área rural, a partir da promulgação da lei, só tem autorização para adquirir mil hectares, como extensão máxima, por herança ou compra, sendo proibida a doação, de qualquer tipo. Além disso, parentes em primeiro grau ficam proibidos de possuir áreas contíguas. Também os estrangeiros ficam proibidos de comprar no Brasil áreas contíguas a propriedades de estrangeiros. Os lotes indígenas devem ser protegidos dentro de municípios-reserva, mas não devem ser beneficiados como indígenas os brasileiros que não dominem língua de nenhuma tribo. O cultivo da língua, e não uma encenação de indumentária ou outro fenômeno, deve ser a garantia de proteção. Do contrário, 96% dos brasileiros deveriam receber benefícios, já que têm sangue indígena. Eu mesma tenho uma bisavó guarani, mas não sabendo falar a língua não há justificativa para que eu procure tratamento diferenciado.

- Vejo que no longo prazo, talvez dentro de uns 60 anos, fica abolido o latifúndio, se a lei persistir - disse Prudência. Mas o que ocorrerá com o produtor rural que quiser cultivar área maior que a desse limite?

- Toda área acima do limite será cultivada através de arrendamento - disse Justiça. Com isso, não haverá quebra no nível de produção agropecuária. Assim como empresários urbanos de indústria e comércio alugam imóveis para seus negócios, também os do campo podem fazê-lo. Com essas medidas em relação ao campo, livra-se o país do esporte praticado por certos jovens universitários de orientar os pobres a invadir propriedades sob o argumento de que latifundiários também invadem terras alheias. Esses jovens se julgam progressistas, mas estão pura e simplesmente ensinando capitalismo selvagem às pessoas humildes.

- É correto o governo dar garantias financeiras aos pequenos produtores rurais? - perguntou Temperança.

- Sim, ainda mais nos últimos tempos com as populações fugindo do campo para residir nas cidades - respondeu Justiça. Todo produtor rural precisa ter amparo, não só os pequenos. O governo deve não apenas orientar o tipo de plantio, mas adquirir estoque regulador. E os pequenos produtores devem receber financiamentos, principalmente nos períodos de entressafra. Como se faz isso é uma questão de detalhamento, por parte dos bancos públicos. O importante é que o princípio seja estabelecido. E o poder público deve também facilitar formação e manutenção de cooperativas rurais.

- A área diplomática do governo deve insistir para que os países ricos parem de subsidiar seus agricultores? - perguntou Prudência.

- Não, pelo contrário - respondeu Justiça. Deve apoiar a política desses países, e fazer o mesmo. É claro que quando há financiamento de "dumping" no exterior, então os diplomatas devem agir, pressionando a OMC e outras instâncias.

- O que fazer com os pré-assentados, os que estão na fila esperando doação de terra por parte do governo federal? - perguntou Temperança.

- Depois de depurada essa lista de inscritos - respondeu Justiça, - com a exclusão de todos os que não obedecem aos critérios já estabelecidos, encerra-se em definitivo a inscrição de novas famílias. O governo assenta esses inscritos e divulga que a partir daí as terras têm de ser adquiridas por compra à vista ou por hipoteca, como são os imóveis urbanos. Cabe ao poder público facilitar esse acesso, tanto ao imóvel quanto à hipoteca. Com essas medidas não haverá mais matanças no campo por disputa de propriedade, como tem ocorrido há muitas décadas.

Seca

- O que podemos fazer com a seca, que tanto sofrimento traz às famílias do campo, principalmente do Nordeste? - perguntou Temperança.

- Açudes são a solução - respondeu Justiça. A obra emblemática contra a seca é o Açude de Orós, no Ceará, do governo Kubitschek.

- Mas é muito caro replicar essa experiência, disse Prudência.

- Sim, mas os investimentos alternativos não resolvem o problema - disse Justiça. As barragens podem ser feitas em diversos portes, de acordo com a demanda de cada região. É com elas que os cidadãos podem se ver livres da dependência crítica dos rios temporários.

- Há muita luta contra barragens hoje em dia, por causa dos problemas ecológicos - disse Temperança,

- Sim, as construções dependem da aprovação dos relatórios de impacto ambiental, o que às vezes demora mais que o razoável - disse Justiça. Mas o açude é o método milenar mais prático para se garantir água potável para uso humano.

- Os governos ultimamente têm preferido investir em cisternas e em desvios de rios - disse Prudência.

- No caso das cisternas, o investimento é muito localizado - disse Justiça. Quem tem mais poder aquisitivo sempre pôde se precaver, implantando suas cisternas. Já o desvio de rios atende um caminho determinado, sem servir à maior parte do território circundante. A cidade de São Paulo tem mais de duzentos rios e riachos, a maior parte soterrada, para circulação de carros. Mas foram essas duas centenas de rios que possibilitaram o adensamento populacional do município. Se não existisse nenhum desses rios, o desvio de um curso d'água passando pelo município não ajudaria em quase nada.

- Como seria um plano de construção de açudes para o Nordeste? - perguntou Temperança.

- Traça-se um cronograma de obras, por um período que pode ser de 40 anos, ao fim do qual todas as povoações sejam servidas por água em regime permanente - disse Justiça. A prioridade, certamente, é atender municípios mais populosos, os quais devem receber as obras em primeiro lugar. Se no meio desse trabalho for descoberto o processo de controle das chuvas, no espaço e no tempo, então se muda o planejamento (risos).

Orçamento

- Sabemos que existem autores que dizem não haver nenhum problema em orçamento público com deficit, então eu pergunto à Prude o que ela acha disso - disse Temperança.

- São os autores novo-keynesianos que encantam a Ju - brincou Prudência. Não devemos aceitar as argumentações desses autores, porque é obrigação do governo gastar menos do que arrecada, como deve fazer qualquer dona de casa consciente.

- Que dizes, Ju? - perguntou Temperança.

- Esses autores não me encantam, respondeu Justiça. Depois de Keynes, surgiram os neo-keynesianos, os novos-keynesianos e os pós-keynesianos. É difícil saber entre eles quem se distanciou mais das ideias do orientando de Alfred Marshall. O que Keynes trouxe de novidade, ao substituir a economia política, ou economia clássica, pela macroeconomia, foi a afirmação, ou a descoberta, de que a moeda não é um condutor do governo, mas que, ao contrário, tendo o governo nacional, ou da união, a senhoriagem sobre ela, pode criar políticas monetárias, além das fiscais, visando a atuações cíclicas e contracíclicas no mercado.

- E então vieram os abusos, reclamou Prudência.

- Certamente, concordou Justiça. É o caso equivalente ao do pesquisador que descobre o remédio para alguma doença e em pouco tempo percebe que muitos estão usando esse remédio como narcótico. Evitar inflação e evitar deficit público são responsabilidades que o cidadão espera de seus governos. Por algum imprevisto grandioso, como uma seca prolongada, um ataque bélico que precise de resposta ou alguma mudança brusca no quadro da economia, o governo pode enfrentar uma situação em que o orçamento apresente deficit. Mas um governo que apresente essa deficiência em dois ou mais exercícios anuais seguidos, deve ser substituído. Quanto à inflação, hoje só os governantes loucos usam isso como política, porque os sensatos sabem que a própria população se encarrega de apeá-los do comando quando deixam os aumentos de preços correrem soltos.

- Então é possível aos governos sempre trabalhar sem deficit fiscal? - perguntou Temperança.

- É perfeitamente possível - respondeu Justiça, - se não tiver de enfrentar aquelas situações fora do padrão.

- Grande parte dos gastos é feita com "despesa fantasma" - disse Prudência. É só cortá-la.

- Que significa essa "despesa fantasma"? - perguntou Temperança.

- Assim como há presos que continuam cumprindo pena depois de esgotada sua dosimetria - disse Prudência, - existe também gasto que continua sendo feito depois de realizada a obra, ou encerrado o serviço, por inércia burocrática.

- A rigidez no prazo dos contratos prevista na Lei de Licitações é um caminho para se escapar desse tipo de descaso para com o dinheiro público - disse Justiça.

- Concordo - disse Prudência, - mas o correto mesmo é a revisão completa de gastos em cada peça orçamentária anual, e isso deve ser feito na Lei de Diretrizes Orçamentárias (LDO), antes da composição do orçamento em si.

- E como não é um bom modelo de gestão a devolução de verbas no fim do exercício - disse Temperança, - a previsão de gastos tem de ser muito bem feita, do modo mais preciso possível.

- Sim - concordou Justiça, - devolver verba significa uma de duas coisas: o gestor não soube prever gastos ou o gestor não soube aplicar a verba recebida. Em qualquer dos casos tem-se um sinal de má gestão. E o maior problema de devolver é que no ano seguinte não será possível, ou será muito difícil, recuperar essa verba excedente, se ela se mostrar realmente necessária.

- O manual de melhores práticas no serviço público contém itens que para o administrador do setor privado parecem peça cômica - disse Prudência.

- Este é mais um dos motivos a revelar que Mussolini estava errado - disse Justiça. A mistura das esferas pública e privada traz contaminações doentias, para os dois lados.

- Além da eliminação da "despesa fantasma", nos moldes descritos pela Prude - disse Temperança, - é necessário também um programa permanente de redução de desperdícios.

- O gestor público deve agir como se fosse um comerciante - disse Justiça, - cuidando de cada detalhe de seu trabalho de modo a evitar prejuízos e a obter o melhor rendimento possível. Como o Estado é uma máquina, segundo Max Weber, essa máquina tem de incorporar esses princípios em sua engrenagem.

- A ideia de "orçamento participativo" é válida? - perguntou Temperança.

- Pode resvalar para pura demagogia - disse Prudência, - se não for algo muito bem planejado.

- É verdade - disse Justiça, - mas é um instrumento importante nos governos municipais, porque os vereadores e os agentes locais do governo nem sempre têm clareza do que é necessário fazer.

- Se há necessidade de uma ponte, um posto de saúde ou uma nova escola primária, é o cidadão em seu bairro que sabe melhor sobre isso - completou Temperança.

- Mas o cidadão deve ser informado de que não está elaborando o orçamento - disse Prudência, - mas que apenas está sendo chamado para dar subsídios para que o executivo atenda melhor a população.

- Sim - concordou Justiça, - o orçamento final é feito pelo governo. Daí o nome deveria ser "pré-orçamento participativo".

- É mais correto - disse Prudência.

- E sobre esse novo conceito que os parlamentares vêm tentando implantar, de "orçamento impositivo"? - perguntou Temperança.

- Por esse instrumento - explicou Justiça, - os parlamentares têm um percentual do orçamento reservado para suas emendas. Isso significa que o governo não envia ao parlamento um documento com previsão de seus 100% de gastos, mas de 90%, ou 85%.

- Esta sim - disse Prudência, - é uma invasão de competências.

- Concordo com a Prude, disse Justiça. O papel do parlamento não é o de montar orçamento do executivo, mas o de revisar, corrigir e homologar. Ou rejeitar.

- Assim como o executivo tem de apresentar os 100% previstos de arrecadação - disse Prudência, - é dever dele apresentar a previsão de 100% dos gastos. Os parlamentares, em suas emendas, podem realocar despesas, como trocar a construção de um aeroporto pela de uma rodovia. Este é seu papel.

- Além de que os parlamentares criam despesas que o governo tem de incorporar no orçamento seguinte - disse Temperança. Isto se não houver veto do governante sobre o projeto aprovado.

- Por isso é que no regime militar - disse Prudência - os parlamentares foram proibidos de legislar sobre matéria econômica.

- Temos de lutar sempre para que esse tempo não volte mais - disse Temperança, batendo três vezes no tampo de madeira da mesa.

𝒫lanejamento

- A elaboração do orçamento tem de obedecer às diretrizes do planejamento estratégico, não? - perguntou Temperança.

- Sim, porque quando não obedece, então o orçamento está ferindo ou está alterando o planejamento - respondeu Justiça.

- Os planos plurianuais, resultados do trabalho do planejamento estratégico, costumam ser feitos em bases quinquenais, ou decenais - disse Prudência. Como atualmente o mandato presidencial é quadrienal, esses planos deveriam ser também quadrienais.

- Tens, razão - disse Temperança. O plano quadrienal deve passar a vigorar sempre no ano seguinte ao da posse presidencial.

- Isso significa que no primeiro ano do mandato, a presidência e o governo cumprem planejamento da gestão que se encerrou - disse Justiça.

- Planejamento e também orçamento - completou Prudência. E o plano de longo prazo deve abraçar um período de vinte anos, ou cinco mandatos presidenciais.

- O setor de planejamento deve se preocupar em detalhar os níveis tático e operacional, ou apenas o estratégico, que precede aos outros dois? - perguntou Temperança.

-Um plano plurianual deve ser estratégico - disse Justiça. Os técnicos certamente não estão proibidos de descer aos outros níveis em seu documento, mas isso deve ocorrer apenas em casos excepcionais, numa como regra. Aos executores do projeto é que cabe desenhar seus planos tático e operacional.

- Há situações que levam os gestores a revisar profundamente um plano plurianual em vigência - disse Prudência.

- Sim, por exemplo, uma mudança imprevista na matriz energética - disse Justiça. Os governantes quase sempre iniciam seus mandatos esperando que o preço e o tipo dos combustíveis mantenham-se sem alterações substantivas.

- O termo "strátegos" significa general comandante, em grego - recordou Temperança. Isso significa que um planejamento estratégico está relacionado a problemas bélicos?

- Deve ter também isso em conta - respondeu Justiça. Se a questão da guerra não for retratada de forma conotativa, pelo menos como paradigma o tema tem de estar presente. As questões comerciais, diplomáticas, culturais e quaisquer outras em que esteja envolvida a competição devem ser vistas como uma espécie de guerra sem sangue.

- Parece exagero, mas sempre há um agente tentando tomar o lugar ocupado por outro - disse Prudência. Então há um jogo de xadrez permanente e as possibilidades de defesa e ataque devem ser pautadas com muita acuidade.

- É possível governar sem planejamento? - perguntou Temperança;

- É possível - disse Justiça, - mas todo evento que saia da rotina será visto como uma absoluta novidade, e pegará o governo desprevenido e até desguarnecido. Com o planejamento, cenários são desenhados e estudados, com o objetivo de rastrear de antemão as possibilidades que não sejam absolutamente imperscrutáveis. Num jogo de xadrez, usando a imagem que a Prude apontou, cada lance terá suas consequências, e estas não devem acontecer como se ninguém tivesse responsabilidades prévias por elas. Por exemplo, um programa eficiente de planejamento familiar reduzirá o número de matrículas no ensino básico dentro de alguns anos. Se tu plantas, tu deves estar pronta para fazer a colheita. Do contrário, os papagaios acabarão com todo o teu milharal antes de abasteceres teus silos.

Energia

- Muitos governos - disse Temperança, - tanto fornecedores quanto importadores, foram surpreendidos com a queda brutal no preço do petróleo nos anos 2010.

- Muitos foram pegos de surpresa, outros nem tanto - disse Justiça. O governo dos Estados Unidos vinha estocando petróleo importado nas crateras das salinas dos Estados do Sul, há muitos anos. Além disso, o desenvolvimento da tecnologia que permitiu a extração do gás de xisto levou à redução acentuada da dependência do petróleo do Oriente Médio. Ao juntar esse fato ao etanol e aos carros elétricos, os membros da OPEP concluíram que manter alto o preço de seu produto poderia acelerar o fim de uma era. Desde os anos 1970 sabe-se que o uso do petróleo estará em evidência até 2030, aproximadamente, ainda que a British Petroleum assegure que há no mundo reservas até 2045. Quem não vender seus estoques até 2035, no máximo, pode ficar com eles eternamente sob o chão. Assim, os exportadores se decidiram por uma cartada inteligente: baixar drasticamente o preço do barril.

- E isso veio como um duro golpe no programa do etanol do Brasil e nos programas de extração de gás de xisto nos Estados Unidos - disse Prudência.

- Esse certamente era o objetivo da OPEP - disse Temperança.

- Os professores mais idosos da Escola Politécnica e da Faculdade de Economia e Administração da USP concordam em que o Pró-Álcool, o programa que implementou o desenvolvimento do álcool combustível, hoje dito etanol, foi o maior empreendimento de Estado na história brasileira - disse Justiça. É mais um dado para a Prude, na consideração de que sem o pontapé do Estado as grandes transformações não acontecem na sociedade.

- Já me convenceste - disse Prudência. Só acho que o Estado deve retirar-se da atividade assim que as coisas estejam funcionando bem.

- Se uma medida impactante vem sacrificar o trabalho já feito, o Estado deve estar de prontidão, para garantir a soberania nacional - disse Temperança.

- A que te referes? - perguntou Justiça.

- Ao etanol, disse Temperança. Se a medida dos árabes, de reduzir estrategicamente o preço do barril de petróleo, tende a destruir a política do etanol, o governo brasileiro tem de agir para garantir a sobrevida de seu rebento.

- Alguns economistas dizem que manter artificialmente baixo o preço da gasolina foi política danosa aos produtores de etanol - disse Temperança.

- Sem dúvida - disse Justiça. É a história das consequências no movimento das pedras do xadrez. O governo nunca deve agir preocupado com apenas um problema, porque os temas são inúmeros e os desastres podem vir de muitas frentes.

- A má gestão e a queda no preço do petróleo trouxeram perdas homéricas à Petrobras - disse Prudência. O problema das fraudes, que provocaram um escândalo sem precedentes, não chega nem a 20% do total do prejuízo.

- Quase todo brasileiro adulto é sócio da Petrobras - disse Temperança. Os que não têm ações compradas diretamente da empresa, participam de fundos que têm nas ações da Petrobras parte importante do leque de investimentos. Qual deve ser o caminho para revitalizar a empresa, cuja saúde financeira é de interesse de todo o país?

- Acho que devemos pensar seriamente na possibilidade de vender todo o ativo, mesmo que seja para estrangeiros - respondeu Prudência.

- Diferentemente de regimes como o da Suíça e o dos Estados Unidos - disse Justiça, - temos algo de bonapartista na formação do Estado brasileiro, mesmo que a Prude não se sinta muito feliz com isso. Não nos esqueçamos de que Dom João VI fundou o Banco do Brasil já em 1808, embora ele estivesse aqui fugindo de Napoleão. Uma empresa de energia sob controle estatal é componente importante no desenho das políticas públicas.

- Então como salvá-la? - perguntou Temperança.

- Dentro de algum tempo, talvez em 2030 mesmo, o setor do petróleo entre as modalidades de fornecimento de energia será algo residual - respondeu Justiça. Então a Petrobras deve tratar o petróleo, desde já, através dessa perspectiva.

- Como uma empresa preparando sua extinção? - perguntou Prudência.

- Não - respondeu Justiça. Como uma empresa em processo de reestruturação. Ao contrário do que os gestores vem tentando fazer, o mais apropriado é abrir subsidiárias de pesquisa e uso de fontes alternativas de energia, sem mexer na política do etanol, que vem sendo gerida pelas cooperativas de produtores. São necessárias uma "petro" de célula-de-combustível, outra de bateria recarregável na tomada para carros elétricos, outra de energia eólica, outra de energia solar e ainda outra de biomassa.

- E terá monopólio desses setores? - assustou-se Prudência. Isso emperrará o desenvolvimento dessas tecnologias.

- Não há motivo para haver monopólio - rebateu Justiça. Será muito sadio para a Petrobras enfrentar concorrência industrial em seus campos de atuação, desde que não seja concorrência predatória, em nenhum dos lados.

- Agora falaste lindamente - elogiou Prudência.

- A Ju tem suas posições muito bem definidas - disse Temperança, - mas não temos como acusá-la de extremista.

- Fico grata às duas pelas considerações - disse Justiça. Os jovens engajados em religião ou política são suscetíveis a desenvolver fanatismo religioso, paranoia da conspiração e extremismo. Esses são problemas que atormentam o cérebro dos indivíduos semipolitizados. Eu já passei da idade, e realmente nunca me deixei arrastar por esses cantos de sereia.

- Ainda no campo da energia, devemos apostar mais na usina hidrelétrica ou na usina nuclear? - perguntou Temperança.

- As hidrelétricas são muito mais seguras, e são eficientes - disse Prudência. Não é o caso de desmontar as usinas nucleares existentes, mas, enquanto estivermos ainda no modelo da fissão, não é recomendável criarmos novas plantas.

- O problema é que a usina de fusão ainda vai demorar para ser viabilizada comercialmente - disse Justiça.

- Isso significa que temos de investir nas hidrelétricas - disse Temperança.

- Mesmo com toda a resistência dos movimentos ambientalistas, que não querem ver transferidos os bagres nem os assentamentos indígenas - disse Prudência.

53

- E os ecologistas têm razão - disse Justiça, - mas a saída estava em etapas anteriores da civilização: teríamos de ter evitado o crescimento populacional exagerado. Se o Brasil tivesse ficado nos 100 milhões de habitantes, e não nos mais de 200 milhões de agora, não haveria necessidade de instalação de grandes hidrelétricas na Amazônia.

- Agora "Inês é morta", disse Prudência. Cabe aos movimentos ecológicos lutarem para que esse nível demográfico de hoje não sofra uma nova explosão, o que levará a nova destruição de rios e florestas. Pois para recuperar as perdas que já temos hoje será necessário um grande investimento, e o melhor caminho é renúncia fiscal, com o governo reduzindo ITR de quem replantar florestas. Isso salvará não só as abelhas, mas muitas outras espécies animais e vegetais. Mesmo as propriedades usadas para agricultura devem ser divididas em faixas, de 100 m de largura, parte com floresta, parte com lavoura. A condenação da chamada "terra improdutiva" em lei foi um desastre e urge trocar o conceito para "terra ociosa". Uma terra que produz florestas só pode ser considerada improdutiva na cabeça de gente perversa.

- De qualquer modo - disse Temperança, - as usinas termoelétricas, que nas fases de estiagem complementam as hidrelétricas, são muito mais danosas ao meio ambiente.

- Certamente - disse Prudência. É necessário investir no aproveitamento da energia eólica e da energia solar, que são mais sadias. E encerrar de uma vez por todas essa fase de horário de verão no final de cada ano, porque o aumento do gasto de energia é muito maior nas regiões com tal horário, com uma hora a mais no fim da tarde para os cidadãos carregarem celulares e ligarem ventiladores. É só pegar os dados da Aneel e comparar. Se o crescimento industrial voltar rapidamente, esse horário sem sentido nos trópicos vai levar o sistema de fornecimento de energia ao colapso.

$\mathcal{M}$oeda

Temperança quis saber se suas amigas aceitariam cerveja sem álcool. Justiça disse que sim, pois tomava muita cerveja com os colegas nos tempos da faculdade e, ultimamente, tinha abandonado bebida alcoólica, passando a ingerir cerveja sem álcool. Prudência disse que não tinha costume de tomar cerveja, de nenhum tipo, mas que acompanharia as duas amigas nisso.

Ao voltar da cozinha, onde foi pegar na geladeira as latinhas de cerveja, Temperança aproveitou para mudar de tema.

- Falávamos de infraestrutura, mas há na economia uma questão mais árida, que precisamos tratar - disse. Falo da questão da moeda. Ju, o papel-moeda é algo necessário nos dias de hoje?
- Não é mais necessário, disse Justiça. Mantê-lo só ajuda os ladrões de carro-forte e de caixa-eletrônico. Assim, não é o Japão, com armas de fogo proibidas, que precisa fugir com urgência das cédulas, mas o Brasil. Todas as transações monetárias feitas por adultos podem ser realizadas de modo virtual, com cartões, computadores e, agora, até com telefone celular.
- O que é, enfim, a moeda? - perguntou Temperança.
- Caracterizamos a moeda pelas suas três funções, segundo Keynes - respondeu Justiça. Ela tem as funções de reserva de valor, meio de pagamento e unidade de conta.
- Se passamos tudo para o virtual, como ficam as crianças, Ju? - perguntou Prudência.
- As crianças aprendem mais facilmente manuseando coisas concretas - disse Justiça. Portanto, não devemos abandonar completamente o meio analógico. O papel-moeda pode desaparecer de imediato, sem deixar saudade, mas as moedas metálicas, para uso das crianças, precisam continuar a ser cunhadas.
- E certamente os adultos também continuarão fazendo uso delas - disse Temperança.
- Sim, nas transações que envolvem pequenos valores as moedas são úteis - disse Justiça. Não devemos é pagar a compra de uma bicicleta nova usando moedas metálicas, que devem ser de baixo valor nominal.
- Muita gente ainda acredita na validade da equação de Marshall-Pigou, da Teoria Quantitativa da Moeda - disse Temperança. Aquilo ainda faz sentido?
- Keynes, na qualidade de biógrafo de Alfred Marshall, teve seu orientador na conta de maior economista do mundo em sua época - disse Justiça. Mas mostrou que a equação não fazia sentido, porque o valor real da moeda não depende apenas de quantidades físicas do objeto. Não é uma questão apenas física ou matemática, mas também psicológica. A equação diz que a velocidade V de circulação da moeda é igual ao produto P*Y, de preço e renda, dividido pela quantidade de moeda M. A fórmula também aparece como uma igualdade entre M*V e P*Y. Milton Friedman não absorveu o argumento de Keynes, e manteve a crença na Teoria Quantitativa, apenas refinando mais a equação, para incorporar como dados a taxa de juros e o índice de inflação.
- E com isso Friedman resgatou a validade da teoria? - perguntou

Prudência.

- Ele imaginou que sim, mas estava enganado - disse Justiça. Até o fim da vida ele esteve convicto de que inflação ocorre simplesmente pela impressão de moeda. O trem passou debaixo dele e ele não viu. A moeda impressa pode ser totalmente abolida e todo o sistema pode ficar circunscrito às decisões de liquidez virtual e de crédito. O Banco Central Europeu, na gestão do euro, leva em conta essa realidade, mesmo porque a moeda teve início como moeda virtual, em seu primeiro ano, seguindo o modelo da curta moeda virtual brasileira, URV. Com toda a turbulência da crise europeia a partir de 2009, o flagelo da inflação não fez parte do problema.

- No entanto, se o Banco Central decidisse imprimir euros além do limite fiduciário, certamente haveria inflação - disse Prudência.

- Desde que o ato se repetisse em períodos frequentes - disse Justiça, - e nisso Friedman estava correto. Quer dizer: tu podes criar inflação deliberadamente, se fores delinquente ou irresponsável.

- A inflação não é mesmo ato deliberado? - perguntou Temperança.

- Não, na realidade, e sim, na visão monetarista de Friedman - disse Justiça. A impressão de moeda, ou a oferta de liquidez, é consequência de aumentos continuados de preços no mercado. Se o poder público não prestar esse serviço, os agentes adotarão o escambo, a troca de mercadorias, com preços nominais crescentes, e isso significará inflação. Deves notar que a Casa da Moeda trabalha sempre, na substituição de cédulas avariadas, e os limites de impressão não são muito claros porque é impossível contar quanto de moeda impressa está em mãos do público e quanto dela foi queimada, rasgada, perdida em definitivo ou guardada por tempo indefinido. Não podemos esquecer os três motivos de demanda monetária: o precaucional, o especulativo e o transacional.

- A partir de que nível de inflação o Banco Central perde o controle macroeconômico do sistema? - perguntou Prudência.

- Os economistas sabem que há o nível crítico - disse Justiça, - mas até hoje ninguém pôde precisá-lo, embora se saiba que está entre 11% e 14%. O mais seguro é situá-lo numa média de 1% ao mês, o que dá, se tu fizeres a conta, um índice anual de aproximadamente 12,6%. Podes ver que não é a soma, mas um pouco mais, porque a operação é a mesma dos juros compostos.

- Tu acrescentas 100%", que é a unidade, ao índice mensal, ficando com 101%, ou índice de 1,01, e depois elevas isso a 12 meses, subtraindo no fim os 100% acrescentados no início - explicou Temperança.

- Obrigada - disse Prudência. Tenho a impressão de que entendi. Mas como funcionaria esse nível crítico? Por que esse número de 12,6% é assim tão perigoso?

- O funcionamento desse nível crítico é uma bênção para os governos submetidos a pressões inflacionárias - disse Justiça. Ocorre o seguinte: se os agentes do mercado percebem que a escalada dos preços persiste acima desse piso de 1% ao mês, avaliam, com plena razão, que se mantiverem seus preços estáveis sairão perdendo lá na frente. Então todos passam a praticar aumentos. Se, ao contrário, acreditam que a tendência é que os aumentos médios fiquem abaixo de 1% ao mês, descobrem, às vezes por experimento mal-sucedido, que se aumentarem seus preços podem perder sua clientela, que terá opções mais baratas na próxima esquina. Assim, se o nível inflacionário ainda não saiu do controle, o governo pode incitar os agentes a manter seus preços, alardeando que perderão vendas e dinheiro aqueles que apostarem na alta e elevarem os preços de suas mercadorias ou de seus serviços.

- Pelo que vemos, a inflação é fruto principalmente de expectativa - disse Prudência.

- Os valores e as oscilações, sim - disse Justiça. Quanto à pressão inflacionária, a coisa não é tão simples nem corriqueira. Aliás, Friedman, seguindo Fisher e Keynes, levou muito em conta a questão das expectativas no tratamento da inflação.

- Como foi isso? - perguntou Prudência.

- Ele reformulou, por exemplo, a Curva de Phillips, que relacionava positivamente a inflação e o nível de emprego, por dados empíricos - disse Justiça. Isso dificultava o combate à inflação, porque reduzi-la significaria aumentar o desemprego. Friedman reformulou a curva, introduzindo as expectativas de inflação, e mudou o nome para "curva de Phillips de expectativas adaptativas". Ele viu a falha da Curva de Phillips quando tentou encaixar nela, sem sucesso, o caso da inflação brasileira no início dos anos 1960, conforme relato de Olivier Blanchard.

- O problema se situa, portanto, no campo da ilusão monetária - disse Prudência.

- Ele deu um papel crucial ao conceito de ilusão monetária, de Fisher - disse Justiça. Concluiu que se a ilusão monetária desaparece, o nível de desemprego se ajusta à "taxa natural". O lado perverso da "teoria monetarista" é exatamente esse de estabelecer uma taxa natural de desemprego nas relações entre moeda e mercado. Tudo isso para confirmar o dogma da neutralidade da moeda.

- Depois vieram os monetaristas de tipo II, os economistas novos-clássicos, que transformaram o dogma na própria divindade - disse Temperança.

- Para o monetarismo II - disse Justiça, - os agentes são sempre racionais e otimizam seus ganhos, livres de ilusão monetária. Assim, todos funcionam como se fossem computadores. Aliás, para eles, um modelo econômico é, confessadamente, aquilo que tu podes traduzir em programa de computador e executar. É o tal do mundo perfeito, que só eles imaginam que existe.

- E foi essa crença no mundo perfeito do monetarismo II que levou às crises mundiais de 1998 e 2001 - disse Temperança.

- Com essa crença na cabeça - disse Justiça, - os governos ficavam proibidos, como peru no círculo de giz, de fazer política monetária.

- Não acho que a neutralidade da moeda seja um dogma - disse Prudência. Acho que era apenas uma hipótese.

- Se fosse coisa de um cientista em seu laboratório - disse Temperança, - seria uma hipótese. Mas o laboratório era o mundo.

- E, felizmente - disse Justiça, - trouxeram Keynes de volta ao "mainstream" da academia, depois do "exílio" de 1968, com o reconhecimento do monetarismo I.

- E então os governos puderam voltar a fazer política, para tristeza da Prude - brincou Temperança.

- Eu sei que a proposição do monetarismo refere-se a um mundo ideal - disse Prudência, - mas eu preferia que tivesse funcionado.

- Infelizmente para ti - disse Justiça, - a política é necessária. E a pior política é aquela que diz não ser necessário fazer política.

- Juro, inflação, câmbio, crédito e liquidez - listou Temperança. O governo e o Banco Central têm mesmo de estar por trás dessas variáveis?

- A maneira de ficar fora - disse Justiça, - é entregar a senhoriagem da moeda a um setor privado. Mas isso significa apenas criar um segundo Estado. Aliás, mais poderoso que o Estado vigente.

- Gostarias que houvesse esses dois Estados, Prude? - perguntou Temperança.

- Um já é demais! - respondeu Prudência.

- Com altos juros - disse Temperança, - o governo vê a dívida pública crescer cada vez mais. É possível baixar a um nível razoável a taxa de juros num regime de pressão inflacionária?

- É possível, mas representa a abertura da porta da casa dos horrores - respondeu Justiça. Sairão todos os monstros, para engolir os agentes do mercado e o governo. Não se pode brincar com o Efeito Fisher, refletido em sua equação: taxa de juros nominais i é a soma aproximada $r+p$, da taxa de juros reais r com o índice inflacionário p. Assim, se a taxa de juros praticada efetivamente no mercado é de 8% e o índice de inflação está em 6%, o juro nominal estabelece-se em 14%.

- Controle rígido do crédito, da liquidez e da taxa de câmbio são âncoras recomendáveis num regime de pressão inflacionária? - perguntou Temperança.

- Enquanto não se abate o dragão de forma cirúrgica e científica - disse Justiça, - é o único caminho a ser percorrido. Já sabemos que congelamento de preços é medida muito boa, mas de curto alcance, resultando em sequelas graves mais à frente. Então é melhor não tentar mais isso.

*I*novação

- Nós falamos de qualidade antes, mas tratamos pouco de inovação, que é a outra face da competitividade em se tratando da concepção do produto - disse Prudência. Como se pode melhorar a Lei da Inovação, que é apelidada de "Lei do Bem"?

- Sim, o produto é o primeiro e o mais básico dos quatro pês do "marketing": produto, preço, praça e propaganda - disse Justiça. Se ele for mal elaborado, ou não se atualizar, todo o restante do trabalho estará comprometido. Uma correção necessária à Lei da Inovação é a nacionalidade da empresa. Obviamente, para o capital não importa se a empresa é nacional ou estrangeira, segundo o Teorema de Modigliani-Miller. Mas, politicamente, há grande diferença entre ser daqui ou ser de fora. Sem preocupação quanto à origem do capital, a lei deve incluir a cláusula que restringe o incentivo fiscal a empresa sediada no país, não importando se é multinacional ou apenas local.

- Empresas schumpeterianas, as que investem em Pesquisa e Desenvolvimento, são as de grande porte - disse Temperança. Então qual é o motivo de se fazer a restrição com base na nacionalidade da sede?

- Sim, empresas de grande porte são as que investem em P&D, Pesquisa e Desenvolvimento, mas, no caso brasileiro, não há essa cultura ainda nem entre as grandes empresas - respondeu Justiça. As grandes empresas com sede no exterior já fazem esse investimento, e não precisam de incentivo para começar. O incentivo é necessário para empresas com sede no Brasil.

- Há alas do governo lutando para suspender o efeito dessa lei, em situação de baixa arrecadação de impostos - disse Prudência. Ela não parece mesmo algo supérfluo, um luxo?

- O fato de ela ter surgido apenas no século XXI não significa que seja algo supérfluo - disse Justiça. O governo suspender essa lei é como a Coca-Cola suspender a propaganda, quer dizer, é sinal de tragédia para a organização.

- Quais seriam outras medidas importantes na área da inovação? - perguntou Temperança.

- Simplificar e baratear a aquisição de patentes; promover, com premiações, feiras de novos produtos; fazer campanhas de promoção do produto nacional; reforçar a lei do similar nacional nas aquisições por parte do poder público; investir mais em educação voltada para ciência e tecnologia - disse Justiça. O pedido de patente de um modelo de utilidade, que ao contrário do invento não envolve aplicação inédita de descoberta científica, deve ser atendido em menos de um mês, e não deve custar mais que uma certidão de casamento no cartório. Na área biomédica, a Anvisa precisa ser ágil. Essas e muitas outras ações devem ser implementadas em nosso país.

- Muitas vezes o jovem desenvolve um produto, concebe o invento, mas não encontra financiamento, nem para patentear seu protótipo nem para viabilizar industrialmente sua criação - disse Prudência. Com isso as ideias vão morrendo e a própria usina de ideias vai-se desativando.

- Isso ocorre em todo país que não valoriza suas próprias concepções, mas no Brasil a prática chega a ser doentia - completou Justiça. Além do incentivo à inovação, o jovem precisa receber financiamento para montar sua empresa e testar comercialmente suas mercadorias.

Crescimento

- Depois as pessoas dizem que não sabem porque a economia não cresce, ou cresce muito pouco - disse Temperança.

- Sim, mesmo que se consiga estabilidade monetária e se trate com seriedade o planejamento, sem inovação o crescimento tem voo curto - disse Justiça.

- Em geral, quando se alcança um período de estabilidade monetária, depois de turbulência inflacionária - disse Prudência, - o país passa por um surto de crescimento, mas isso vem apenas para atender a demanda reprimida. Logo o entusiasmo murcha.

- É o que se chama por aí de "voo de galinha", o "chicken flight" - disse Temperança.

- O regime militar obteve certo período de crescimento, enquanto os mercados confiavam nele - disse Prudência. Depois de alguns anos, erros sucessivos abalaram a confiança, e então voltou a superinflação e seus períodos recessivos.

- Depois veio o regime civil, em 1985, e logo se implantou o Plano Cruzado, em 1986, que provocou um surto de crescimento, mas só dentro daquele ano - disse Temperança. Em 1994, o Plano Real parecia ter trazido a solução para a volatilidade da moeda, mas cinco anos depois veio um início de colapso, sanado através de âncora cambial. O crescimento foi estancado, até vir a experimentação arriscada de 2007 e 2008. Em 2014, como consequência da redução forçada dos juros no fim de 2012, e a consequente volta da escalada inflacionária, a derrocada se configurou mais uma vez.

- Como chegaremos a um crescimento contínuo, sem frustrações, Ju? - perguntou Prudência.

- Temos de nos livrar do Efeito Weimar - respondeu Justiça.

- O que significa isso exatamente? - perguntou Temperança.

- Eu já mencionei a expressão antes, mas não expliquei o significado - respondeu Justiça. Estudando o período de hiperinflação de Weimar, entre 1919 e 1923, o Prof. Phillip David Cagan formulou o conceito de Efeito Weimar, que é o empobrecimento da população submetida a um período de anos de alta inflação. A hiperinflação foi debelada pelo Presidente Friedrich Ebert, em 1923, com o uso de moeda estrangeira como âncora, mas a consolidação do fim do Efeito Weimar deu-se com a instalação da residência presidencial em Berlim, em abril de 1925, já na presidência seguinte, de Paul von Hindenburg.

- Mas depois veio o nazismo, ou não há relação entre esses fatos? - perguntou Temperança.

- Mesmo com a ascensão de Hitler depois, contra a vontade do Presidente, a Alemanha vinha se dando muito bem, até a morte de Hindenburg, nove anos depois - disse Justiça. A arrogância e a ignorância de Hitler destroçaram a Alemanha a partir de 1939, com a invasão da Polônia, 14 anos depois, portanto, do fim do Efeito Weimar.

- Podemos entender que Hitler nadou na opulência e levou os louros pela recuperação do país, mas o mérito coube a Hindenburg - disse Prudência.

- Em 1932 encerrava-se o primeiro mandato presidencial dele, e ele só aceitou ser candidato à reeleição porque o oponente era Hitler, que ganharia de qualquer um que não fosse o próprio presidente - disse Justiça. Hitler, que ficou famoso por ter tentado um golpe de Estado em 1923, não se deu por vencido e fez o maior número de cadeiras nas eleições parlamentares, primeiro com 37%, depois, mediante eleições anuladas pelo Presidente e convocação de novo pleito, com 32%. Hindenburg não conseguiu unir os 68% de cadeiras antinazistas, que eram os liberais e os comunistas. Essas forças só vieram a se unir em 1945, para derrotar o

61

fanático.

- É notório que durante os mandatos de Hindenburg, e mesmo depois que Hitler tomou o lugar dele, após o óbito em 1934, a Alemanha teve um surto de crescimento econômico monumental. - disse Prudência.

- Foi por isso que quando as botas nazistas pisaram a França em 1940, encontrou pouca resistência - disse Justiça. Logo o Marechal Pétain se dispôs a formar um governo de colaboração, com sede em Vichy, uma nova Weimar, porque a loucura é uma patologia recorrente nos dirigentes que desprezam a ilustração. Mas a experiência ensina às pessoas sensatas. Quando se deu a queda do nazismo em 1945, a parceria entre Estados Unidos e Rússia levou à divisão da cidade de Berlim, com as duas áreas de influência, o que resultou na construção do famoso "Muro de Berlim", que durou de 1961 a 1989. Dessa divisão resultou um importante aprendizado, de um fenômeno que podemos chamar de "Efeito Bonn". Sem viabilidade para uma administração funcional numa capital dividida, os Estados da República Federal da Alemanha instalaram seu governo na cidade de Bonn. Que problema poderia advir? Um novo Efeito Weimar, sim, se os alemães fossem incorrigivelmente obtusos. Para em poucas décadas não cair três vezes em abismos distintos, que seriam o Efeito Weimar, o nazismo e, finalmente, o Efeito Weimar-Bonn, eles decidiram manter a residência presidencial em sua capital tradicional, Berlim. Bonn abrigava a administração e o gabinete do primeiro-ministro, que lá tem o título de chanceler, mas não a presidência. Esse arranjo funcionou muito bem, terminando por absorver a Alemanha Oriental, antes pró-soviética, e aí tivemos o "Efeito Bonn": o governo pode se instalar em qualquer cidade, mas a residência do chefe de Estado tem de situar-se na capital tradicional, secular, ou teremos a desgraça econômica, seja por alta de inflação ou juros, seja por restrição severa de crédito e liquidez. Mas os alemães não chegaram a essa solução por pura intuição abstrata. Passaram antes pelas duas tragédias históricas que ninguém deve invejar: o Efeito Weimar e o nazismo.

- Podemos concluir que se os alemães tivessem descartado o governante Hitler, austríaco, depois de ele cumprir um mandato de quatro ou cinco anos, a II Guerra poderia ter sido evitada - disse Temperança.

- Com uns 99% de chance, Tempe - disse Justiça. Crescimento econômico é sempre um bem, mas não quando ele é sequestrado por um chefe que nega as liberdades democráticas.

- Estabilidade monetária sem Efeito Weimar, inovação, qualidade, competição saudável, democracia, educação para a ciência e apoio à pequena empresa são os ingredientes necessários a um crescimento econômico sadio - resumiu Prudência. Há algum outro item que não mencionamos?

- Pequena empresa, aliás, não deve significar microempresa individual, MEI, que é algo que precisa ser extinto, pois pessoa isolada é pessoa física, não pessoa jurídica - disse Justiça. Fizeste um bom apanhado de nossa discussão, Prude. Mas esqueceste o pleno emprego. Temos de alcançá-lo e segurá-lo.

- Mas não nas costas do empresário, certo? - disse Prudência.

- O empresário não tem de perder com o novo sistema, mas ganhar - disse Justiça. A responsabilidade pelo pleno emprego, e, portanto, pela estabilidade do empregado no mercado, não no mesmo local de trabalho, é do sistema, não do empresário.

- Alguma perda ele terá - disse Temperança. Com o pleno emprego, não haverá o chamado "exército de reserva" de desempregados, onde o patrão busca mão de obra barata.

- Esse ganho é uma ilusão - disse Justiça. Chega a ser um caso de ilusão monetária. Ele pensa que ganha alguma coisa pagando pouco a alguém contratado em situação precária, mas não é só a empresa dele que se vale desse expediente. O mercado inteiro vive pobremente. Com pleno emprego, a economia atinge seu auge, e só os empresários incompetentes podem sair perdendo. Esses perdem de forma muito mais rápida no regime de pretensa "seleção natural", que é esse que precede o pleno emprego. Muitos julgam que sem o medo do desemprego o trabalhador tende a se acomodar, mas isso não ocorre quando a estabilidade não é no local de trabalho, mas no sistema. Um mau empregado pode ser alocado para uma situação de menor ganho e de trabalho menos agradável.

- Isso não nos levará à inamovível "sociedade estacionária", prevista por Stuart Mill? - perguntou Prudência.

- Não, porque a inovação não permitirá - respondeu Justiça. O resultado é progresso, sem marasmo. Dos conceitos mais recentes, o que mais se aproxima da ideia de Stuart Mill é o "óptimo de Pareto", aquela situação da qual popularmente se diz que "se melhorar estraga". Mas o óptimo de Pareto é entendido como algo setorial, não valendo para o agregado.

- Quando há risco de recessão, é recomendável que o governo incentive o consumo? - perguntou Temperança.

- Sim, desde que não se esqueça de recomendar também a moderação - respondeu Justiça. Na grande crise de 2015, muitos apressados se entregaram ao exercício de culpar o governante anterior, que usou o recurso de incentivar e ampliar o consumo por parte da população como meio de escapar da bancarrota que se desenhava nos Estados Unidos e na Europa. Mas o problema de 2015 veio da política de redução indevida dos juros no fim de 2012, não de medidas anteriores. A fórmula do PIB, ou da renda nacional Y, é a adição de Consumo, Investimento, gastos do Governo e Exportação, C+I+G+X. O que é necessário é equilibrar essas parcelas. Disso tudo, só o aumento de investimentos representa plantio para o futuro, mas não se deve investir de modo voluntarioso e oportunista, com base em populismo. Para que a exportação seja elemento de sustentação da economia do país, o investimento tem de visar ao produto industrializado mais elaborado, com agregação de valor. Dessa forma, o consumo popular e os gastos do governo podem ocorrer em terreno firme, sem risco de cair em atoleiro lá na frente.

- No caso brasileiro, quais são os gargalos primordiais que temos de quebrar? - perguntou Prudência.

- Em termos físicos, a dependência do transporte rodoviário, grande erro logístico, é talvez o caso mais grave - disse Justiça. É necessário investir pesadamente na ampliação do transporte ferroviário e, mais ainda, no aquático, que é o mais barato de todos. Será sonhar demais pensar num canal ligando o Rio Tietê ao Paraíba do Sul? Não é. E outro ligando o Rio Araguaia ao Rio Paraná? Também isso é viável. O São Francisco poderá ser ligado ao Rio Grande? Também. Além disso, portos e eclusas precisam ser disseminados. O segundo gargalo é a rede de linhas de transmissão de eletricidade. Se não sairmos desse mínimo que está aí, não podemos arriscar crescimento industrial. O terceiro grande gargalo é a viciosa Lei de Licitações, que precisa ser refeita. O quarto é a má condução da educação de massa, como resultado da demagogia. O quinto, a burocracia insana, que precisa ser simplificada com urgência. Sexto gargalo, a rejeição à cultura do mérito, que faz com que o produto brasileiro seja rejeitado pelos próprios brasileiros em detrimento de similares importados de qualidade inferior, e também que entre dois profissionais hábeis recuse-se o mais habilidoso, elegendo-se o de menor talento. Um exemplo notório de Horror à Cultura do Mérito é o que a CBF fez com o maior goleiro do mundo, que ganhou quatro recordes no Livro Guinness. Finalmente, o sétimo grande gargalo é o baixo nível de investimento, tanto público quanto privado, principalmente nos pequenos e médios empreendimentos.

- O sexto gargalo, horror à cultura do mérito, toca o lado do comportamento social, disse Temperança. Há outros empecilhos desse teor em nossa cultura?

- Sim, respondeu Justiça. Existe um problema que dá sustentação ao Horror à Cultura do Mérito, que é a recusa ensinada na formação católica contra a competição individual. Isso tem seu lado positivo, mas as consequências prejudiciais precisam ser contornadas. Japão e Filipinas têm populações de mesmo fenótipo, com parentesco de eras passadas, mas o desenvolvimento filipino, de país católico, é gritantemente inferior ao japonês. A cultura católica não impede o empreendedorismo e a competição, como pensava Paul Samuelson, mas coíbe a competição individual nos negócios. Esse é uma das razões a nos levar a abolir a instituição da MEI, que neste país é caminho quase seguro para o fracasso. A saída é simples. Temos de explorar ao máximo a força da competição cooperativa, que é a competição entre pessoas jurídicas coletivas ou entre grupos diversos. Por exemplo, professores não devem competir entre si individualmente, de acordo com Deming, mas a disputa entre unidades escolares é sadia e desejável, porque é motor de progresso, sem deixar sequelas desagregadoras nas relações interpessoais.

II - POLÍTICA

No dia seguinte, pouco antes da hora marcada para a chegada de Prudência e Justiça, Temperança recebeu um telefonema de sua amiga Fortaleza, oficial do Exército.

Ela queria saber sobre o andamento das conversas, porque tinha curiosidade quanto aos diagnósticos e projetos que a tertúlia vinha gerando.

- Ontem discutimos economia e infraestrutura - explicou Temperança. E encerramos com uma exposição da Ju sobre os gargalos que impedem o crescimento do país e que devem ser quebrados.

- E qual é o principal gargalo, na visão dela? - perguntou Fortaleza.

- Logística - disse Temperança. O custo excessivo do transporte desestimula a produção. Muitos acham que o primeiro gargalo é a educação, mas o país já teve uma boa escola e ainda tem ensino refinado para uma minoria. O problema é a educação para as massas, que vem sendo vítima da demagogia e perdendo qualidade cada vez mais. Ju classificou a qualidade da educação de massa como o quarto gargalo.

- Acho que ela tem razão - disse Fortaleza. Sabes que eu gostaria de estar presente às discussões, mas meu papel é o de guardiã. Cabe às forças civis formular as políticas. Eu observo e cumpro as leis, tendo a Constituição como cartilha de comportamento. Aliás, nossa Constituição, e não só pelas cláusulas pétreas, foi desenhada para impedir golpes de Estado, mas sempre há os malucos que não a leram. Então tu precisas incorporar aí a proposta de punição severa a quem vier a liderar qualquer tipo de "putsch", e essa punição deveria ser a cassação perpétua dos direitos políticos. Hitler ascendeu ao governo alemão porque a Constituição de Weimar não tinha um tal dispositivo.

- Teu pensamento é correto - disse Temperança. Terás acesso depois a toda a gravação. Hoje nós trataremos de política e educação.

Nesse momento a campainha tocou, indicando a chegada de Justiça e Prudência. Fortaleza despediu-se de Temperança, que foi atender a porta. As duas amigas trouxeram tapioca, já assada, e quando Temperança abriu a porta logo sentiu o cheiro agradável da iguaria.

- Quero começar pedindo vossa posição sobre alguns pontos que são objeto de muita discussão no país - disse Prudência, depois que as três amigas se acomodaram em volta da mesa de centro, na sala de estar. Será bom para o país instituir: primeiro, voto distrital majoritário; segundo, voto voluntário; terceiro, voto secreto em todas as decisões do parlamento?

- Tenho dúvidas quando ao voto secreto - disse Temperança. Quando a voto distrital e voto voluntário, são os modelos vigentes nos Estados Unidos, não por serem instrumentos modernos, mas, exatamente, porque os norte-americanos não se atualizaram nesses quesitos. O Brasil abandonou o voto distrital em 1946, e o voto voluntário, que redundava em "voto de cabresto", este veio até a Revolução de 1930. Por duas ou três décadas depois disso, autoridades locais continuaram a negar título de eleitor a quem mostrasse tendência de votar contrariamente ao poder vigente. Nos Estados Unidos, mesmo sem coronelismo, essa prática de negar título de eleitor ainda existe no início do século XXI, de modo que o Presidente Barack Obama reclamou tempos atrás, pregando a introdução do voto obrigatório.

- A Itália - disse Justiça - tinha o sistema proporcional, até 1993. Decidiu experimentar a volta do distrital, o que valeria para três quartos das cadeiras do parlamento, na eleição de 1994. Fez isso e constatou o desastre. Voltou ao sistema proporcional e não se falou mais no assunto. Na França, o voto distrital foi abandonado em 1981, junto com a guilhotina, mas foi retomado depois, por conservadorismo.

- O que há de pior no voto distrital? - perguntou Prudência.

- Pode-se fazer experiência teórica, antes de entrar em "canoa furada" - disse Justiça. No sistema proporcional, os representantes são nitidamente mais preparados. Se no Brasil os deputados são tão criticados, isso se deve a dois motivos: o país vive sob Efeito Weimar e os representantes são figuras reconhecidas na sociedade, ao contrário do que ocorre nos Estados Unidos, onde o parlamento tem o apelido popular de "Congresso Faz-Nada". Aqui, ao contrário, eles fazem, só que fazem demais, complicando mais ainda o cipoal de leis que já temos, em vez de revogar a grande maioria delas, que nos são prejudiciais. O voto distrital tem duas vantagens, que são ilusórias: a eleição é mais barata e, teoricamente, o parlamentar eleito mora próximo ao eleitor. No entanto, as vantagens do voto proporcional são inúmeras.

- E que achas do voto secreto no parlamento, Ju? - perguntou Temperança.

- Para decidir sobre projetos, convém que o voto seja aberto - disse Justiça. Mas a população dificilmente quer saber disso. Ela quer saber do voto quando se trata de condenar ou liberar pessoas, e nesses casos o voto precisa ser secreto.

- Para não constranger o parlamentar frente à figura avaliada? - perguntou Prudência.

- Isso é o que pesa menos - respondeu Justiça. Se o parlamento avalia a condenação de alguém, ou o condenado ou seus apoiadores são por princípio pessoas perigosas. Às vezes, perigoso é o detrator. Na Revolução Francesa, os que votavam contra o guilhotinamento de certos condenados, do Antigo Regime, eram mapeados e, em grande parte, arrolados para guilhotinamento, como ocorreu com Condorcet, que votou contra a execução de Luiz XVI e passou a ser acusado de estar ao lado dos girondinos, tendo de fugir e, depois, ao ser localizado, suicidar-se. E como o voto deve ser secreto para condenar, também para eleger ele deve ser secreto, pois os perdedores podem querer vingança. Aliás, o voto proporcional foi inventado em Paris, no ano de 1870, pelo professor belga Jules Borely, melhorando uma proposta de Condorcet, o chamado Método Condorcet, segundo o qual vão preenchendo as cadeiras do parlamento os candidatos que vão obtendo mais votos, como representantes de uma área determinada.

- Então ficamos assim: para o eleitor, voto secreto, proporcional e obrigatório - disse Temperança. Para as decisões do parlamento, voto aberto em projetos, mas secreto em se tratando de avaliar pessoas.

- Mesmo com voto proporcional, somos vítimas do populismo - disse Prudência. Como podemos evitar isso?

- O voto proporcional foi introduzido só para o parlamento - disse Temperança. O populismo surge exatamente do voto majoritário, usado para os cargos executivos.

$\mathcal{P}$opulismo

- Quais repúblicas escaparam do voto majoritário direto aos cargos executivos? - perguntou Prudência.

- Podemos citar Itália, Israel, Índia, Alemanha, Bulgária, Sérvia, Hungria, Suíça, Letônia, Líbano, África do Sul, China e Estados Unidos - disse Temperança, - embora este último país esteja comprometendo cada vez mais o sistema eleitoral presidencial por culpa da televisão. Por causa dela, pode-se construir um populismo pelas beiradas.

- E por que as repúblicas islâmicas e as católicas, à exceção da Itália, entregam-se com tanta paixão ao populismo? - Prudência questionou.

- O Brasil teve o azar histórico de ver o voto direto ser rechaçado pelo regime militar - respondeu Justiça, - o que fez com que a volta do regime civil incorporasse a luta pelo voto majoritário direto, em torno de uma emenda constitucional de um deputado de Mato Grosso. Se os militares tivessem adotado o voto presidencial direto, teria havido uma chance de voltar ao regime civil sem o populismo do voto direto, por efeito reverso. Isso se o romantismo não falasse mais alto.

- Mas só uma pequena chance - disse Prudência.

- Sim, porque existe a paixão - disse Justiça, - que é algo patológico, ligado às religiões islâmica e católica, embora mais ao catolicismo tradicional, de paróquias de gestão vitalícia, coisa que ficou no passado. Os islâmicos e os católicos tradicionais buscam eleger não um chefe de Estado temporário, mas um pai dos pobres, que os tutele.

- Quais são esses países? - perguntou Prudência.

- Todas as repúblicas católicas, sejam ortodoxas, sejam romanas, menos Itália, Grécia e Cuba - disse Temperança. E quase todas as repúblicas islâmicas. Temos o semipresidencialismo, de país que tem primeiro-ministro que não governa na prática, por causa da eleição majoritária direta do chefe de Estado: Polônia, França, Portugal, Áustria, Rússia, Ucrânia, Peru, Egito, Síria e, desde 2015, Turquia. E o presidencialismo direto total: Filipinas, Angola, Nigéria, Irã, Indonésia, República Dominicana, Afeganistão e todos os países latinos da América do Sul e da América Central, puxados pelo México, menos o Peru, que é semiparlamentarista. Na América do Sul não há presidencialismo direto no Suriname e nas Guianas, que não são países latinos. E temos a lamentável exceção do lado oposto, que é a Coreia do Sul, que, talvez por efeito reverso, sem ser católico ou islâmico, copiou o semipresidencialismo direto francês em 1990, depois de seu regime militar.

- Foi no México que isso começou? - perguntou Prudência.

- Não, começou na França, mas não vingou - disse Temperança.

Vingou mesmo foi no México.

- O caso da França mostra bem a pulsão patológica - disse Justiça. Em 1848, depois de quase um ano de revolução, com a população tomando as ruas de Paris desde fevereiro, fez-se um acordo no mês de novembro, para encerramento daquelas jornadas. A França teria uma eleição direta presidencial, proposta de Rousseau que foi tentada por Robespierre, mas que, até então, estava só no papel. Os franceses, de maioria católica, gostaram da ideia. Alguns jovens alemães que circulavam por ali, ao contrário, detestaram. No calor da revolução eles tinham escrito e divulgado o Manifesto Comunista, propondo uma "ditadura do proletariado". Assim, as jornadas de 1848 em Paris geraram duas patologias: a adaptação da ideia positivista de ditadura, da cabeça dos jovens alemães, e o populismo, das lideranças francesas, configurado na proposta romântica de eleição presidencial direta.

- E não foi uma boa ideia fazer a eleição direta? - Prudência questionou.

- Os franceses acharam uma boa ideia, mas os alemães que estavam na França, não - disse Justiça. Eles disseram que aquela solução seria um grande erro. Realizadas as eleições e abertas as urnas, sagrou-se vencedor o sobrinho de Napoleão, Luís Bonaparte, que já havia tentado golpe de Estado duas vezes. Ao concluir seu mandato, que pela Constituição daquela II República seria único, em vez de preparar a passagem do poder para um sucessor, desferiu em dezembro de 1851 o golpe de Estado que o tornou imperador, com o nome de Napoleão III. E ainda chamou um plebiscito para calar as vozes discordantes, obtendo aí grande vitória. Após a Guerra Franco-Prussiana, em 1871, o imperador caiu e o parlamento elegeu o presidente Luis-Adolphe Thiers. Este, e não Luís Bonaparte, é considerado o primeiro presidente da França. A vergonha por ter eleito um golpista se instalou na história dos franceses.

- E durante as revoluções mexicanas, ainda no século XIX - disse Temperança, - a França estava de novo sob monarquia, mas o México introduziu a eleição presidencial direta, consolidando-a na constituição de 1917. Por isso é o país mais longevo a manter esse sistema. No Brasil, o regime militar o aboliu, em 1966, sob protestos do General Golbery, e em 1988 os constituintes o restauraram.

- A França, achando que o sistema mexicano era adequado - disse Justiça, - sem prestar atenção à mediocridade econômica gerada ali, implantou o voto direto para eleição de presidente na constituição de 1958, da Quinta República. Deu-se no México a consolidação do sistema criado na Revolução de 1848 na França, e que pode ser chamado de luís-bonapartismo. Com a decisão de 1958, a doença de Robespierre passou a ser dos franceses em geral. Mas hoje a França caminha para neutralizar esse mal, porque é parte da União Europeia, que elege seu presidente via conselho.

- A eleição presidencial direta parece uma coisa boa e democrática - disse Prudência.

- Para sua segurança, as pessoas abrem mão de sua autonomia e entregam o poder central ao Leviatã, conforme escreveu Thomas Hobbes - disse Temperança. A esperança de que esse Leviatã possa vir a ser um pai bondoso, simpático e popular é uma tragédia. Jamais deveríamos confundir soberania popular com "soberania populista", que não passa de tutela consentida. O populismo da eleição presidencial direta elege uma figura falsamente simpática, lugubremente popular e nada bondosa. Um líder populista, assim como um ditador de qualquer espécie, sustenta-se no poder fazendo falsas bondades, comprando o apoio dos pobres com o uso do erário público. E quanto mais ele compra esse apoio, mais fora de controle fica esse Leviatã.

- Pelo que tu dizes - concluiu Prudência, - temos de rechaçar o instituto da eleição presidencial direta.

- É isso mesmo - confirmou Temperança.

- E o chefe de Estado da União, o Presidente, não deve governar, segundo Thomas Jefferson - disse Justiça. Jefferson dizia que governar é atividade dos governadores estaduais, mas nós sabemos que há um governo federal, então ele deve ser exercido por um Premier.

- Dessa forma, o Leviatã se humaniza, com divisão de trabalho - disse Temperança. Não é isso que queres? Ou preferes um Leviatã monstruoso, solitário e pantagruélico?

- Certamente, prefiro um Leviatã menos monstruoso - disse Prudência.

- Além disso, ele não se encastela, porque não pode passar de quatro anos no poder - disse Temperança.

- Exatamente - disse Justiça. O Congresso trabalha para revogar a reeleição presidencial, copiada dos Estados Unidos e que vinha transformando o período presidencial em octenal. O Premier poderá ficar dois mandatos seguidos, completando oito anos no cargo, porque é bom dar continuidade ao trabalho, a menos que o partido dele seja rejeitado eleitoralmente. Para voltar ao cargo, deve cumprir quarentena de outros oito anos. O chefe de Estado, que é o chefe maior, líder das Forças Armadas, não pode ultrapassar quatro anos em nenhuma hipótese, nem voltar ao cargo em nenhuma outra época. E como detém o poder maior, não pode acumular a chefia de governo.

- Falta "combinar com os russos" - disse Prudência, - isto é, com os eleitores brasileiros.

- Fizeram duas consultas, em 1963 e 1993, perguntando se a população preferia parlamentarismo ou presidencialismo - disse Temperança. Não é questão de combinar com os russos, mas de informar corretamente. A questão formulada equivalia a perguntar se o eleitor preferia derivada direcional ou integral de linha, duas operações de Análise Matemática que a imensa maioria da população não conhece. Se vier uma terceira consulta, ela deverá perguntar se o eleitor aceita que o país tenha primeiro-ministro. Isso é claro para qualquer tipo de eleitor. E os enganadores ficarão sem espaço para deturpar o processo. Lembra-te de que na consulta de 1993 os inimigos do parlamentarismo "explicavam" que nesse sistema "os deputados governam". Se tivessem sido honestos, teriam avisado que os deputados passariam a ter a incumbência de, quando necessário, censurar o governo, formado pelo partido com mais cadeiras na Câmara, mas instruir não era o objetivo dos enganadores.

- No Segundo Império tivemos regime de gabinete e ele foi abandonado - disse Prudência. Na República, tivemos o breve período parlamentarista entre 1961 e 1963, revogado pela consulta popular. Como fazer com que o parlamentarismo se instale de modo duradouro?

- Antes de tudo, esclarecendo o cidadão adulto e os jovens estudantes sobre o que significa presidencialismo - disse Justiça. Como eu disse há pouco, Thomas Jefferson escreveu que o Presidente não tinha a incumbência de governar. O que se desenvolveu no México foi, portanto, uma perversão em cima dessa ideia. E nos próprios Estados Unidos, por ingenuidade de Jefferson em sua proposição, a senhoriagem da moeda está com o poder central e, portanto, sob o poder do Presidente. Ficaria muito difícil não haver um governo federal. O correto seria o sistema americano ter instituído logo o cargo de Premier. Mas o conceito de República Parlamentarista surgiu muito tempo depois, na França de 1871, após a queda de Luís Bonaparte. Os Estados Unidos até hoje ignoram solenemente esse avanço.

- No fim das contas, o presidencialismo existente na prática - disse Temperança - é uma perversão, e isso precisa ser explicado aos cidadãos. Além disso, no parlamentarismo, quem ganha mais cadeiras no parlamento, governa. A proposta que faz maioria é que governa o país, não o indivíduo falsamente simpático que leva os votos majoritários no regime tutelar de pai dos pobres.

- Pelo que percebo - disse Justiça, - a Prude não aceita o populismo, mas não estabelecia a ligação entre esse fenômeno e o sistema eleitoral majoritário direto.

- Isso mesmo - disse Prudência. Eu não enxergava esse tipo de causalidade.

- Certamente - disse Justiça, - esse sistema eleitoral não é o único caminho para o populismo. Ele é apenas o mais rápido e mais eficaz. Mesmo um chefe de governo indicado, tendo sido eleito ou não ao parlamento, pode tornar-se um notório populista, se durar no poder além do período sadio, como ocorreu com Mussolini, Hitler e Salazar. A demagogia desses líderes não era muito diferente da que se alastrou pelos países da América Latina via voto direto.

- Afinal, o populismo é esquerdista ou direitista? - perguntou Prudência.

- Tu fazes uma boa pergunta - disse Justiça, - porque na América Latina criou-se o mito, ensinado à juventude, de que o fascismo é direitista e o populismo é esquerdista. Tudo isso vem de uma narrativa desonesta que visava livrar o populismo de acusações mais pesadas. Incluindo fascismo, nazismo, justicialismo, estadonovismo e integralismo, todo populismo é esquerdista, cada um a seu modo, mas sempre cultivando uma noção idealizada de uma entidade mítica chamada "povo" e sempre buscando fugir a aprofundamentos filosóficos. O teatrólogo Bertolt Brecht recomendou com veemência que escritores e artistas evitassem o uso da palavra "povo", que tinha sido sequestrada pelos nazifascistas. O populismo é o esquerdismo inculto, e manipulador. Na América Latina ele traduziu o "socialismo nacional" de Hitler por "nacional-socialismo", na mesma ordem da língua alemã, como estratégia de distanciamento. Ele governa em aliança com uma ala também inculta do conservadorismo, mas não com os liberais clássicos, que compõem a chamada "direita civilizada". E uma das artimanhas eleitorais deles é a defesa de "mudança", de modo que o eleitor precisa prestar atenção em quem defende "melhorias", desprezando esses que pregam "mudanças" sem dizer se para o bem ou para o mal.

- O que defendes é que direita e fascismo são linhas antagônicas? - perguntou Prudência.

- Sim, disse Justiça. Não é coisa que eu defenda por mim aqui, mas que todo europeu defende, porque é um fato. Poucos meses antes de Churchill, liderando a direita, guerrear contra o nazifascismo, o sovietismo assinava com os nazistas o Acordo Ribbentrop-Mólotov, chamado Pacto de Não-Agressão, de agosto de 1939. Nesse tempo só a direita preservava o cultivo do direito romano, porque o "homem novo" do socialismo nacional de Hitler e do socialismo soviético de Stálin prescindia desse tipo de conhecimento. Quando o nazismo atacou a Rússia, fazendo milhões de mortos, deixou claro finalmente que Hitler não via como inimigo apenas a direita liberal do Ocidente. Só então Stálin percebeu que era preferível sentar-se ao lado de Churchill e Roosevelt que perfilar com Hitler e Mussolini.

- Como convencer os brasileiros - disse Prudência - a aceitar um presidente eleito pelo Congresso?

- A patologia da eleição presidencial direta pretende duas coisas: escolher o pai dos pobres e escolher uma pessoa bonita - disse Temperança. A primeira demanda não deveria nunca ser atendida, uma vez que substitui a cidadania pela tutela, mas a segunda pode ser contemplada facilmente com um novo cargo: o cônsul da cultura. O arranjo livra o país da perdulária moda francesa de eleição em segundo turno, de modo que poderemos ter sempre um dia fixado para as eleições, mantendo, por exemplo, o primeiro domingo de outubro de todos os anos pares. No novo formato, em cada eleição federal, cada partido fica obrigado a apresentar dois candidatos, um homem e uma mulher, com idades entre 18 e 25 anos, para ocupar o cargo de "cônsul da cultura". Têm de ser fluentes em inglês hoje e, futuramente, na língua franca que vier, que talvez seja interlíngua de Iala, o "latino sine flexione" de Giuseppe Peano e Alexander Gode. O eleito, homem ou mulher, trabalha junto ao Ministério das Relações Exteriores nos quatro anos referentes à legislatura em questão.

- E quem ganha essa eleição, Tempe, o que pertence ao partido vencedor na Câmara dos Deputados? - perguntou Justiça.

- Não, porque assim essa eleição ficaria vinculada ao voto proporcional parlamentar - explicou Temperança. O eleitor vota sem nenhuma vinculação. Por exemplo, se o PSD vier a fazer a maioria das cadeiras da Câmara, o cônsul da cultura pode ser um da dupla de candidatos do PHS, com a exigência de que esse partido tenha eleito candidatos à Câmara. Mesmo sendo uma dupla homem-mulher em cada partido, cada eleitor escolhe apenas um candidato a cônsul da cultura, de qualquer partido concorrente. O que tiver mais votos, ganha o emprego, em turno único. Obviamente, será uma pessoa bonita, como quer o eleitor, mas essa pessoa não será governante nem chefe de Estado.

- Não há o risco - disse Justiça - de essa pessoa vir a ser considerada a chefe de Estado no imaginário popular, já que é eleita diretamente?

- A pergunta é boa - disse Temperança, - mas não há o risco, porque o cônsul da cultura trabalha acompanhando o chanceler e em outras missões sempre representando e promovendo a cultura do país no exterior. Se esse papel não estiver sendo cumprido a contento, o Senado destitui o titular e empossa o que ficou em segundo lugar, e neste caso faz sentido empossar o segundo, porque a questão partidária tem peso apenas burocrático.

*P*arlamento

- Temos um número exagerado de partidos atualmente - disse Justiça. A cláusula de barreira, que restringiria o número de partidos nanicos na Câmara, foi derrubada pelo Supremo Tribunal Federal nove anos depois de ter sido aprovada, sem ter sido aplicada. Que proposta tu tens, Tempe, para reduzir o número de partidos no país?

- Tenho uma proposta simples - disse Temperança. Ela se chama "cláusula de abrangência". Só ganha cadeiras na Câmara quem eleger deputados em pelo menos três unidades da federação. Se o partido eleger deputados apenas em São Paulo e Minas Gerais, fica sem nenhuma cadeira.

- Isso não é muito drástico? - perguntou Justiça.

- Não, porque o partido precisa garantir base em nove Estados para ser registrado - disse Temperança. Então deve provar que essa base não é apenas de papel. Além disso, a medida vem para resolver o problema da queda da cláusula de barreira. A verba do fundo partidário também deve ser distribuída de forma proporcional, de acordo com o número de deputados da Câmara, e os que não elegem deputados devem receber um valor muito pequeno, apenas para manutenção, e um tempo também muito reduzido no horário televisivo dedicado aos partidos. Partido com nome religioso deve ser proibido, assim como partido com nome que remeta a condição física restritiva, como Partido do Homem, Partido da Mulher, Partido do Jovem, Partido do Índio, e assim por diante. E a presidência de partido deve ser cargo com dois anos de duração, sem reeleição, isto é, sem recondução imediata. Podemos notar que os partidos nanicos têm presidentes longevos, que fazem do cargo uma profissão. Não devemos continuar alimentando esse tipo de negócio. As coligações partidárias em eleições proporcionais não devem ser permitidas em nenhuma hipótese, porque são elas que garantem a manutenção de partidos oportunistas e de aluguel. Se não for possível impedir essas coligações nem implantar a cláusula de abrangência, o parlamento continuará a ser achincalhado e sem credibilidade para abraçar responsabilidades maiores, de modo que a alternativa é a adoção do Prêmio da Maioria, que faz com que o partido com mais cadeiras atinja, por lei, mais de 50% das cadeiras da Casa, subtraindo vagas de partidos menores.

- Outro problema sério é alguém criar um partido nanico e sair roubando, literalmente, deputados que foram eleitos por partidos consolidados - disse Prudência.

- Isso precisa ser proibido - disse Justiça. Mesmo durante o mês de vigência da janela de transferência partidária, o deputado só deve ter permissão para migrar para partido que tenha eleito deputados na Câmara. Ir para partido novo só deve ser permitido em caso de fusão, desde que o partido do deputado seja um dos elementos dessa fusão.

- E quando deve ser o período da janela de transferência? - perguntou Temperança.

- No mês de março, sim - disse Justiça, - mas do ano das eleições federais, a cada quatro anos, não no ano das eleições municipais. Assim, cada deputado trabalha pelo menos três anos no partido em que foi eleito.

- A proporção atual na composição da Câmara está boa? - perguntou Prudência.

- Está distorcida - disse Justiça - e precisa de uma correção. O Estado de São Paulo tem 20% do eleitorado do país, e deve ter, portanto,

20%¨das cadeiras da Câmara, o que significa não as 70 atuais, mas 102 cadeiras. Essa diferença tem de ser tirada dos Estados menos populosos, que devem ter bancadas menores que as atuais, montadas pelo Ministro Armando Falcão no Pacote de Abril, instituído em 1977.

- Já se argumentou que São Paulo tem o poder econômico, e não precisa do poder político - disse Temperança.

- Ter o poder econômico não justifica ver desrespeitada a proporção e ficar só com 70% do poder político na Câmara - disse Justiça. Não se deve fazer a correção de uma vez, mas, por exemplo, em duas eleições seguintes. Na primeira, pode subir para 80 deputados. Na próxima, para 95. Então já se tem um valor muito próximo da proporção correta.

- E qual o número mínimo de deputados, para as unidades pouco populosas? - perguntou Temperança.

- Uma representação de cinco deputados está de bom tamanho - disse Justiça. Roraima, o Estado menos populoso, teria uma representação de menos de 1,5 cadeira, pela proporção rigorosa. Então que se estabeleça o mínimo em cinco, em lugar dos oito atuais. Haverá uma distância grande para os 95 de São Paulo, mas a representação igualitária das unidades federativas, em número, é feita no Senado.

- Como fazer com que o nível cultural dos deputados cresça? - perguntou Temperança.

- Os representantes deveriam ter o nível cultural médio da população - disse Justiça, - para que a representação fosse mais adequada. O problema é que outros fatores devem ser considerados. Os parlamentares são eleitos para estudar matérias legislativas, de modo que um parlamentar sem habilidades de leitura e sem conhecimento nenhum de legislação configura uma vaga praticamente desperdiçada na Casa. Se o parlamentar estivesse lá apenas para votar, como muitos eleitores querem, então a sociedade poderia votar diretamente, como na ditadura Pinochet, sem gastar verbas com deputados e senadores. Como o trabalho central do parlamentar é estudar matérias e leis, o caminho é o exame obrigatório, valendo para todos os novos candidatos, os candidatos que ainda não tiveram mandatos. Não é um concurso, em que se aprova quem tem maiores notas, mas um exame indicativo para referência eleitoral. As notas, de zero a dez, são apresentadas na campanha do candidato, em TV e em outros meios. O exame é de Português e Matemática, em três níveis, dependendo da formação escolar do pleiteante: primário (P), para fundamental incompleto; fundamental (F), para formados do ginasial, cobrando figuras de linguagem e equações quadráticas; e bacharel (B), para formados na universidade ou no ensino médio, porque muitos cursos superiores não contêm as duas matérias, que, assim, cobrarão conteúdos do colegial. Para curar o país da doença do horror ao mérito, essa prova, com as mesmas regras, precisa ser aplicada não só no ingresso ao Parlamento, mas também a todo trabalho pela CLT, com registro da nota na carteira profissional. Se o trabalhador aumentar sua escolaridade, para um ou dois graus acima, então ele pode pleitear novo exame, sendo vetado novo exame no mesmo nível para o mesmo trabalhador. Este é um primeiro caminho para colocar finalmente o mérito no lugar da velha prática do "Quem Indica", que vem da Carta de Caminha, mas que se cristalizou depois como um modo de perpetuação do poder do preconceito de cor.

- Um ponto que sempre volta à discussão é o exagerado custo das campanhas eleitorais - disse Temperança. Como podemos resolver isso?

- O melhor caminho é reduzir os territórios eleitorais - disse Justiça. Não é necessário fracionar os Estados, mas dividi-los em regiões eleitorais, ou departamentos. São Paulo, por exemplo, pode ter suas oito regiões - que são Noroeste, Norte, Sudoeste, Sudeste, Centro, Nordeste, Grande São Paulo e Litoral - transformadas em departamentos, formando oito bancadas no momento da apuração eleitoral. A partir da posse, as bancadas voltam a ser estaduais, não mais regionais. O número mínimo de deputados por departamento deve ser cinco, e alguns Estados podem ter apenas um departamento. Essa divisão pode ser implementada a partir do momento em que todas as pessoas bem informadas tiverem consciência de que voto distrital majoritário é um fóssil político, importante nos tempos antigos, mas injustificável nos dias de hoje. Por enquanto, toda vez que se inicia a discussão sobre essa divisão eleitoral, alguém desvirtua a conversa com a defesa do voto distrital majoritário, que é o modo mais ingênuo de mostrar conservadorismo na política, porque se trata de desconhecimento do processo histórico, principalmente da tentativa dos italianos de restaurar essa peça de antiquário em 1993. O modo menos ingênuo de ser conservador, antes que alguém pergunte, é defender que os pobres devem aprender menos Matemática, ou nenhuma, na escola básica. Era o projeto de Hitler para o que ele julgava "os povos inferiores", de modo a garantir a supremacia "ariana" por mil anos, em seu socialismo de duas camadas. Um conservador não é o que luta para preservar as boas instituições, mas o que luta para conservar as práticas anti-sociais ou simplesmente atrasadas (em seu tempo, teocracia, escravidão, sangria e, no início do século XXI, desemprego). Aliás, o livro "Efeito Ravena - o golpe foi civil" apresenta os sete pontos principais da agenda conservadora, a maioria adotada por desconhecimento científico ou histórico: (a) voto distrital voluntário, (b) *laissez-faire* empregatício, (c) terceirização de serviços públicos, (d) casta filantrópica, (e) desprezo à responsabilidade social das empresas, (f) polícia municipal e (g) pena capital.

- A eleição ao Senado deve continuar sendo majoritária? - perguntou Prudência.

- Não há motivo para isso - disse Justiça. Em âmbito federal, eleição majoritária deve ser abolida por completo no médio prazo. Os senadores devem ser os candidatos mais idosos eleitos à Câmara dos Deputados no partido vencedor do pleito, dois numa eleição, um na seguinte. Essas vagas resultantes na Câmara são preenchidas automaticamente por suplentes. Se o suplente for mais idoso, continua deputado, porque veio da suplência, não sendo, portanto, tão representativo quanto o titular anterior. Por enquanto, deve-se estabelecer já que os suplentes de senadores são os deputados mais idosos das bancadas partidárias correspondentes.

- Como fazer com que os deputados trabalhem bem e sejam respeitados pela população? - perguntou Temperança.

- Muitas mudanças no procedimento precisam ser feitas - disse Justiça. Primeiro, deve haver premiação anual, mesmo que seja pela imprensa, para o parlamentar que apresentou e fez aprovar o melhor projeto revogatório, com vistas a eliminar leis inócuas ou prejudiciais e complicações burocráticas. Segundo, a remuneração deles deve seguir rigorosamente o índice de reajuste do funcionalismo federal, quando for o caso de alteração nos numerários. Terceiro, na TV aberta deve ser instituído o Minuto do Congresso, no horário nobre de todos os dias da semana à exceção dos domingos. E sem ressarcimento pelo valor desse minuto, que fica como uma contribuição compulsória das empresas televisivas à democracia. Não basta a transmissão das TVs do Congresso. Um pequeno resumo diário deve ser transmitido na TV aberta e nos demais canais, para todos, porque o Poder Legislativo deve ser o poder mais benquisto pela população. A ausência dele, como foi na ditadura Pinochet, é sinal de grande desgraça. E também é péssimo sinal a ausência de protagonismo, como foi no regime nazista, que transformou o parlamento num enfeite, sem nenhum poder decisório. E a lei que instituir o Minuto do Congresso deve, ela mesma, vetar imitações, quer dizer, que outros poderes queiram seus minutos, ou que instâncias estaduais ou municipais queiram também os seus, do contrário o objetivo de valorização do Congresso Nacional será totalmente descaracterizado.

- Também as comissões no Congresso devem ser menores - disse Prudência. A Comissão de Constituição e Justiça de cada casa deve ter apenas sete parlamentares. Eles têm os assessores técnicos de que necessitam. Além disso, os membros da CCJ, enquanto estiverem nela, devem ser impedidos de apresentar projetos próprios, para que não haja barganha.

- E só assim a comissão terá poder de vetar projetos ridículos - concordou Justiça.

- Os parlamentares federais têm mesmo de ganhar remuneração tão alta, equivalente à dos pares dos Estados Unidos? - perguntou Prudência.

- Sim, devem ganhar boa remuneração - disse Justiça. E, pelo método eleitoral, nossos parlamentares são mais qualificados que os dos

Estados Unidos. Ele devem ganhar bem para se apresentarem bem e para ficarem livres de tentações pecuniárias.

- Os que caem em tentação devem ter mandatos cassados, em teu ponto de vista? - perguntou Temperança.

- Não - respondeu Justiça. Cassação por decoro parlamentar não se justifica no século XXI. O parlamentar é eleito pela população e não cabe a seus pares tirar esse mandato. Só o poder judiciário deve ter essa prerrogativa, e apenas por cometimento de crime comum. Os parlamentares podem aplicar a seus pares muitos tipos de punição, como impedimento de concorrer às eleições seguintes, suspensão do mandato por alguns meses, e assim por diante.

- Achas que o parlamentar deve ter o direito de ter quantos mandatos quiser, desde que seja eleito? - perguntou Prudência.

- Não na mesma Casa, e para isso temos a vantagem da federação, com várias casas legislativas - disse Justiça. O parlamentar pode exercer por um limite de 16 anos seus mandatos na mesma Casa, tendo de concorrer após isso a uma outra câmara. Por exemplo, o deputado federal que exerceu quatro mandatos, pode candidatar-se a deputado estadual na eleição seguinte. Quatro anos depois, pode tentar a mesma vaga na Câmara Federal. Não devemos esquecer que Churchill enfrentou Hitler depois de uma experiência parlamentar de 40 anos. O tirocínio é algo a ser valorizado no trabalho político, por isso não devemos limitar em definitivo a carreira política do cidadão.

- O papel do Supremo Tribunal Federal, nossa suprema corte, é julgar e interpretar as leis - disse Temperança. Como impedir que ele faça leis?

- Buscar o STF para que ele faça leis complementares disfarçadas é atitude de subserviência e de oportunismo - disse Justiça. Quando determinada ala política percebe que a tendência no Congresso Nacional é A, contrária à sua, recorre ao tribunal na esperança de que a decisão seja B, oposta a A. E o STF aceita legislar porque os limites não estão claros. Poderia haver uma lei nacional determinando que tribunais não podem criar leis complementares, disfarçadas ou não. Mas isso não é uma coisa simples de ser feita, e o sentido de urgência nas decisões pode ser prejudicado. Então o melhor é instalar no Congresso a Comissão Sênior de Emergências (CSE), com três membros da Câmara, três do Senado, mais o Presidente do Congresso, que é o mesmo do Senado, formando um grupo de sete pessoas. Esses seis membros não são escolhidos, mas nomeados pela idade: os três deputados mais idosos e os três senadores mais idosos, resgatando a prática milenar das tribos judaicas e tupis que se encontraram para formar o Brasil no século XVI. Toda vez que alguém demandar no STF decisão sobre algo que precise de uma lei complementar que ainda não existe, a Comissão dos sete reúne-se para tomar a decisão antes do tribunal, elaborando o projeto de lei complementar em questão, ou de lei ordinária, e divulgando que aquela deverá ser a posição do Congresso Nacional. O projeto entra em tramitação nas comissões normais das Casas do Congresso, mas com prioridade sobre todos os que estão em tramitação, e já com o aval da Comissão Sênior e do Presidente do Congresso. Se o STF tomar posição em sentido contrário, saberá que sua decisão é provisória e que logo deverá ser revogada, por uma lei já em andamento. A segunda providência é proibir parlamentar de acionar o STF contra o Legislativo, transformando em nula qualquer petição nesse sentido. Essas medidas serão suficientes para inibir o tribunal, que voltará a seu papel de intérprete e aplicador das leis, deixando a competência de elaborar e deliberar para os parlamentares. Obviamente, o STF sempre poderá deliberar com base em falácia, como foi o caso da derrubada da cláusula de barreira, sob o argumento fantástico de que ela feria a liberdade de expressão. Nesse caso, o Congresso Nacional deve ter o brio de contornar rapidamente a questão, apresentando sua alternativa. Quanto ao calendário de funcionamento, as terças-feiras do Supremo devem ser reservadas especificamente ao julgamento de casos envolvendo o serviço público e os servidores. Decisões importantes são esperadas pelo contribuinte, e o STF precisa cuidar disso, como é o caso do Sistema Único de Saúde, o SUS: decisão judicial sobre pacientes individuais precisam valer para todos os que tenham o mesmo problema. E o número de ministros do STF deve ser reduzido para sete, formando turmas de três, em lugar de cinco. Isto significa que os quatro próximos aposentados não deveriam ser substituídos, valendo sete como limite para qualquer tribunal. Muitos querem redução do número de deputados, sem perceber que proporcionalmente eles já foram reduzidos pela metade, uma vez que a população dobrou e o número dos representantes continuou 513.

- Cotas para mulheres nas candidaturas são saudáveis? - perguntou Temperança.

- Como vimos antes, as cotas são desastrosas - disse Prudência. No âmbito federal, cotas para mulheres são impertinentes. Mas nas candidaturas às câmaras de vereadores pode-se instalar um sistema avançado. Institui-se divisão de 50%, que não é cota, mas partilha, uma vez que os nascituros são 50% de cada sexo, e cota é um número levianamente arbitrado por alguém que se julga semideus. Cada partido fica obrigado a apresentar número igual de candidatas mulheres e candidatos homens. Além disso, a presidência da casa deve sofrer alternância de sexo, mulher sucedendo homem e homem sucedendo mulher. Se instituirmos a partilha no nível federal, estaremos incentivando mulheres a deixar filhos menores em seus Estados para exercer cargos longe de casa. Obviamente não será um padrão, mas o incentivo se configura.

- Bem pensado, Prude - disse Justiça. E com a experiência

parlamentar nos municípios, as mulheres podem optar em arriscar voos mais altos depois. Qualquer outra garantia, como presença do item, vantagens e prioridades, é sempre melhor que cota. Por exemplo, em vez de impor número arbitrário de seções para cinema nacional, deve-se exigir presença do item: que haja filme nacional pelo menos uma vez por mês. Que haja, por exemplo, prioridade aos aposentados nas candidaturas, logo após a tradicional garantia de legenda aos que já são parlamentares. O Brasil imitou os Estados Unidos na instituição de cotas para deficientes físicos nas empresas, copiando o número deles, que lá serve para amparar os mutilados de guerra. Aqui, a cota se mostrou um transtorno, porque as empresas não conseguem achar empregados para preencher as vagas reservadas, de modo que foi necessário relaxar a lei, e nem esse problema fez o legislador perceber que seria muito mais adequado aprovar outro tipo de garantia, levando em conta o necessário e o suficiente. Quanto a cotas em outras situações, sempre que elas forem menores que 100% significam esmola de um lado sobre o outro. O afro-ameríndio se vale da cota com consciência de que é um tapa-buraco, porque destroçaram o ensino público básico, mas, se a escola for revitalizada, a população verá que a cota de proporção é uma esmola desnecessária. Será como oferecer sanduíche de rosbife depois da feijoada. Lembro aqui três frases genéricas de Deming do início dos anos 1980: (1) "Uma cota é uma fortaleza contra a melhoria da qualidade e da produtividade", (2) "O resultado é perda, caos, insatisfação e rotatividade" e (3) "Há caminhos melhores". No entanto, queres um exemplo de cota positiva de 100%? Os alunos do ensino médio francês entram na universidade com 100% de vagas destinadas aos oriundos do sistema gratuito de ensino.

- Como as candidaturas à vereança se dividem meio a meio entre homens e mulheres - disse Temperança, - não é conveniente que cada eleitor dê dois votos, escolhendo um homem e uma mulher?

- Sim, respondeu Justiça. O espírito original do voto moderno, que nasceu com o Método Condorcet, era o de voto múltiplo. O eleitor votaria em vários candidatos e os mais votados ganhariam as cadeiras. Após Jules Borely lançar o livro sobre o sistema proporcional, "Nouveau Systeme Electoral", em 1870, Luís Vicente Varela ("La Democracia Práctica", 1875) recomendou a prática antiga de voto em um nome. O mais apropriado, no entanto, é voto em dois nomes. Poderiam ser três, mas isso é mais difícil justificar para o eleitor. Em dois nomes fica implícita a ideia de que o que tem mais votos será titular e o menos votado dos dois, se não conseguir cadeira, consagra-se como suplente. No caso das eleições às câmaras municipais, os dois nomes têm de ser de sexos opostos, homem e mulher. Para as eleições estaduais e federais, o eleitor escolhe dois nomes à vontade, mesmo que de partidos diferentes. Vota-se em um nome e a urna apresenta o campo para o voto no segundo, anulando-se o voto se for apenas em um nome. Na distribuição das cadeiras, o tribunal eleitoral leva em conta que os votos estão dobrados, mas isso não é nenhum problema. Ao contrário, evita a concentração no nome do puxador de votos de cada partido, e ajuda o eleitor a pensar programaticamente. Além disso, cria uma cultura de colaboração entre candidatos. Voto em um único nome deve ser no "cônsul da cultura", porque a vaga é uma só.

Governo

- Obviamente, os deputados não governam - disse Temperança. Eles controlam o governo, com moção de censura ou moção de apoio. Achas, Ju, que o primeiro-ministro deve ser necessariamente um deputado eleito?

- Não - disse Justiça. É uma prática do parlamentarismo tradicional, que foi sendo consolidada, porque o líder do partido vencedor é quase sempre um dos deputados eleitos, e ele é que costuma ser convidado pelo chefe de Estado para formar o governo, na função de Premier. Uma regra mais sadia, no entanto, é exigir quarentena para o presidente do partido, de modo que ele não seja indicado ao governo enquanto dirigir sua própria agremiação. Essa quarentena pode ser de quatro anos, quer dizer, só depois de quatro anos fora da presidência do partido o político pode ser indicado Premier. Além do mais, o presidente do partido, melhor ainda quando deputado eleito, é o fiador da pessoa indicada para o governo. Ser fiador de si mesmo não é de bom tom. Como o modelo correto é o da Itália, é necessário impor quarentena também aos profissionais de TV, ou do veículo futuro que vier a ter o mesmo papel de alavancar imagem pessoal: quatro anos para cargo no executivo e dois anos para eleição ao Parlamento. Quanto ao Premier ser um deputado, não deve haver preferência. O partido, através de seu presidente, deve levar ao chefe de Estado o nome mais qualificado, de deputado ou não. Deve ser alguém com experiência no executivo, seja como prefeito, como governador ou como ministro, com idade mínima de 50 anos. Quando o presidente do partido vencedor é esperado ganhar o cargo de Premier, entende-se que esse presidente candidata-se a si mesmo ao cargo, mas Platão escreveu que quem lança seu próprio nome ao governo já não tem mérito para governar.

- Onde fica o cidadão eleitor nessa formação de governo? - perguntou Prudência.

- Os que decidem sobre a formação do governo são eleitos popularmente, como deputados - disse Justiça. São eleitos para estudar as matérias legislativas e fazer as escolhas certas quando da montagem do governo, não para ocupar postos técnicos. Se Rousseau aparecesse hoje por aí teria coragem de propor que os passageiros elegessem diretamente o piloto do avião? Brincadeira tem hora.

- Quantos ministérios são necessários? - perguntou Prudência.

- Dez ministérios - respondeu Justiça. O argumento de que são necessários vinte ministérios, porque são vinte assuntos, não faz sentido. Os Estados Unidos têm catorze pastas. A Argentina tinha dez pastas no início do século, aumentadas depois para quinze. Se é para instalar uma pasta por assunto de governo, 150 ministérios serão insuficientes. Quanto mais ministérios, mais demagogia e mais mau exemplo. E há empresários que propõem um número menor: seis ministérios. Esse número não é bom por dois motivos: os ministérios seriam máquinas grandes demais e o número seis é a quantidade de acólitos que, segundo Étienne de La Boétie, no "Discurso da Servidão Voluntária", protegem o tirano, o qual, na visão do autor, chega ao trono em uma dessas três formas: sendo escolhido pelo voto popular, herdando o poder ou desferindo golpe de Estado. Assim, quando Rousseau e Robespierre advogaram eleição direta do chefe de Estado, estavam optando por um dos três caminhos do tirano, e não estavam consertando nada.

- E quais são os assuntos-chave desses dez ministérios? - perguntou Temperança.

- Em tenho aqui por escrito - disse Justiça, mas sei de cor, porque formam o mnemônico Fictrejads:

0 - Fazenda,
1 - Indústria,
2 - Casa Civil,
3 - Transportes,
4 - Relações Exteriores,
5 - Educação,
6 - Justiça,
7 - Agricultura,
8 - Defesa,
9 - Saúde.

- Onde ficam as áreas de planejamento, comércio, minas, energia, ciência, comunicações, cultura, trabalho, promoção social, ambiente e previdência, que são temas importantes? - perguntou Prudência.

- Essas áreas ficam acopladas aos ministérios, como secretarias - disse Justiça. Fazenda absorve planejamento; Indústria absorve comércio, minas, energia, esporte, turismo e espetáculos, ou cultura comercial; Casa Civil absorve ciência, inovação, administração e secretaria de governo; Transportes, ou Tráfego, absorve portos, aviação e comunicações; Educação absorve cultura educativa e desporto; Justiça absorve trabalho, desenvolvimento social, direitos humanos e interior; Agricultura absorve pecuária, pesca, desenvolvimento agrário, irrigação e integração nacional;

Defesa absorve ambiente e Saúde absorve previdência. A pasta das Cidades é uma aberração fascista inventada pelo PP, destinada a humilhar a autonomia dos municípios, e deve ser extinta com urgência, indo suas atribuições para a Secretaria do Interior, da pasta da Justiça. Ciência, com Inovação, fica na Casa Civil por causa da importância do assunto, que deve ser cuidado pelo Ministro-Chefe.

- O governo transformou o Ministério da Cultura em secretaria e dias depois voltou atrás por causa da gritaria dos artistas - disse Prudência. O governo errou em recuar?

- Errou - respondeu Justiça, - mas a redução de 33 para 25 ministérios deixou a porta aberta a isso. A redução precisa ser para dez. Se há 25 ministérios, como justificar que não deva haver 26? O Ministério da Cultura foi inventado por Mussolini, em 1937, para suceder o Ministério da Propaganda. Foi o primeiro do mundo. Depois outros países copiaram isso, por ingenuidade. A Itália é que não quis mais voltar a esse tempo de "Ministério da Cultura", porque sabe a má intenção que está por trás da ideia. Em nosso caso, pode-se deixar a secretaria de pesquisa artística e patrimônio cultural com o Mec. Cria-se uma agência de financiamento de espetáculos, para música, teatro, desfiles e correlatos. Essa agência mais a de cinema passam a formar todo o escopo do Ministério da Cultura, voltado a negócios. Mas a Cultura é assunto muito importante para merecer um ministério inventado por Mussolini, de modo que, quando a redução dos ministérios for para dez, esse da Cultura fica como uma pasta extravagante, constando apenas de agências, até que os artistas desistam de Mussolini e aceitem a incorporação ao Ministério da Indústria.

- Haverá alguma secretaria do governo federal fora dos ministérios? - perguntou Temperança.

- Nenhuma - respondeu Justiça. Nem secretaria nem agência. Todas devem estar afetas aos ministérios. E o Banco Central é autarquia, não é ministério, assim como não são ministérios o Banco do Brasil, a Caixa Econômica, o Ministério Público e a Advocacia Geral da União.

- Isso facilita muito a administração federal - disse Prudência.

- Se queremos reduzir e simplificar a burocracia, temos de começar simplificando o próprio organograma do governo - disse Temperança. Do contrário sinalizaremos que a barafunda é algo aceitável.

- É válida a prática de dissolução do Congresso quando o governo entra em crise? - perguntou Prudência.

- Esse também é um costume do parlamentarismo clássico, que não devemos adotar - disse Justiça. As eleições bianuais, sendo as municipais nos anos bissextos e as federais nos anos pares não-bissextos, são um patrimônio inestimável dos eleitores brasileiros. Qualquer tentativa de mexer nisso é sinal de tumulto. Então, em lugar de dissolução do Congresso, o mais sadio é estabelecer uma cadeia de sucessão. Dos dez ministros, o chefe da Casa Civil é o Premier. Outros dois ministros indicados ganham os postos de primeiro vice e segundo vice. Se o governo entrar em crise, sai o Premier original e para a Casa Civil é remanejado o primeiro vice. Então o segundo vice torna-se primeiro e escolhe-se um novo segundo vice. O Premier tem de ser proibido de residir em casa particular durante o mandato, assim como o Presidente da República.

- Que qualificação devem ter os cidadãos indicados para chefiar os ministérios? - perguntou Temperança.

- Devem ter formação superior ou de ensino médio profissionalizante - disse Justiça. Como são apenas dez pastas, empossar alguém com formação inferior a essa é muito temerário, e nada justifica querer isso. E os ministérios devem ser divididos meio a meio, metade para titulares com formação em exatas ou engenharia, a Elite Técnica, e outra metade com formação em humanidades ou ciências biomédicas, a Elite Clássica.

- Um economista é Elite Técnica ou Elite Clássica? - perguntou Prudência.

- Elite clássica, com a formação atual - respondeu Justiça. O que caracteriza a Elite Técnica é o preparo de pelo menos dois semestres de Física na faculdade, não é só o aprendizado de Cálculo Integral e Diferencial. Para que os economistas migrem para a Elite Técnica, temos de introduzir Física Geral e Experimental no currículo do curso, levando ao treinamento prático quanto a relações de causa e efeito. Isso precisa ser feito.

- Como transformar 32 ministérios em apenas dez? - perguntou Temperança.

- O executivo envia ao Congresso, se o Congresso não fez isso antes, um decreto baixando para secretaria o status de todos os ministérios que ultrapassarem os dez, que devem ser muito bem definidos - respondeu Justiça.

- Que partido indica o nome do Premier ao Presidente, o que ganha a maioria absoluta das cadeiras, ou o que obtém mais cadeiras entre os partidos concorrentes? - perguntou Prudência.

- O que obtém mais cadeiras - respondeu Justiça. O caso mais grave de indicação de alguém com mais cadeiras, mas sem maioria, com apenas 32%, foi o de Hitler. Hindenburg não conseguiu unir os outros 68% de deputados contra o nazista. E essa tentativa em si já representa uma crise. Se a regra é empossar indicado pelo partido que obtém o maior número de cadeiras, o resultado da eleição, divulgado pelo tribunal eleitoral, já esclarece que tipo de tendência governará. Para que não haja malabarismo de espertalhão, como o de Hitler, que convocou plebiscito em seguida, estabelece-se que só mais um partido, além do vencedor, pode ser convidado para compor o governo, isto é, ocupam as chefias dos dez ministérios apenas o partido vencedor e mais um, no máximo, nenhum outro mais.

- E se esses dois partidos não formarem a maioria absoluta no parlamento? - perguntou Prudência.

- A cláusula de abrangência da Tempe resolve esse problema, fazendo com que os dois maiores partidos formem a maioria - disse Justiça. Se isso não acontecer, outros partidos podem receber secretarias, se esse for o preço para darem apoio no parlamento, embora esse preço não devesse existir.

- Se os dois partidos mais votados fizerem exatamente o mesmo número de cadeiras, quem indicará o Premier? - perguntou Temperança.

- Se os dois primeiros empatarem - disse Justiça, - fica com a chefia do governo o partido que tenha feito mais cadeiras na Câmara para a unidade federativa mais populosa, que no caso é São Paulo. Se esse número ainda der empate, usa-se a segunda unidade, que é Minas Gerais, e assim por diante. Se o empate for entre três partidos, usa-se o critério das unidades federativas para decidir quais dois poderão ser indicados para os ministérios.

- Talvez a vantagem maior desse sistema - disse Prudência - seja o fato de que o Premier assina contrato com as empreiteiras de obras públicas, ficando o Presidente da República preservado.

- Sim - disse Justiça, - como consequência da vantagem que precede essa, que é a de dividir o poder em duas chefias, a de Estado e a de governo.

- Mesmo estando o governo bem formado, com líderes eficientes, muitas vezes um juiz, de algum canto do país, paralisa a atividade governamental, através de uma liminar - disse Prudência. Como se pode escapar disso?

- Uma saída é aprovar uma lei determinando que liminar contra o governo federal só tem valor quando assinada por dois juízes distintos - disse Temperança, - valendo o mesmo para bloqueio de serviços de internet. Darcy Ribeiro sempre reclamava da "indústria da liminar", e um meio de abalá-la é tomar essa medida. Se é fácil achar um juiz louco, achar dois juízes com a mesma loucura é algo raro.

- No sistema que se está desenhando aqui, o presidente da República continua tendo muito poder, como o de editar medidas provisórias e chefiar as Forças Armadas - disse Prudência. Para que, por falta de precaução, o país não esteja em grande risco cada vez que se empossar um novo chefe de Estado, é de enorme importância que logo após a eleição, e antes da posse, o eleito à presidência passe por um rigoroso exame médico, primeiro de uma junta de psiquiatras, depois de médicos de outras especialidades, todos eles lotados no serviço público. Mas no caso dos psiquiatras, uma segunda junta, formada por médicos de consultórios particulares, sem vínculo com o serviço público, deve emitir um segundo laudo, sem conhecimento do resultado do primeiro. Não deverá ser aprovado um presidente que sofra de Transtorno Obsessivo Compulsivo (TOC), Transtorno Explosivo Intermitente (TEI), Síndrome de Asperger, Transtorno Bipolar (que na realidade é esquizofrenia esporádica), paranoia da conspiração e misoneísmo mórbido (como no caso de Hitler). Entrará também a melanofobia, mas só quando for reconhecida como disfunção psíquica, porque hoje ainda é tratada como problema moral ou de má educação, chamado anacronicamente de racismo. Obviamente algumas manias e alguns medos não chegam a caracterizar incapacidade para o exercício da chefia, e isso deve ser levado em conta pelas juntas psiquiátricas, para que não se dê voz a uma encarnação de Simão Bacamarte, o internador compulsivo do conto O Alienista. Se o diagnóstico do eleito tiver resultado positivo quanto ao porte de alguma enfermidade, o Parlamento decide em regime de urgência se o presidente toma posse e entra em período de licença-saúde, substituído pelo vice-presidente, ou se é afastado definitivamente do cargo, de acordo com a gravidade do quadro clínico. Notemos que Hitler saiu da Áustria para enganar a Alemanha, com o intuito de satisfazer suas taras. Quando Jesse Owens ganhou quatro medalhas de ouro para a delegação dos EUA, na Olimpíada de Berlim em 1936, ele saiu do estádio para não apertar a mão do campeão, que era negro. Ele, mais que ninguém, tinha ciência de seu preconceito de cor e de suas outras limitações, mas quis deformar o mundo. Compare-se com o caso de um pedófilo incorrigível que se inscreva para trabalhar no jardim de infância.

- Concordo plenamente, disse Justiça. Muitos cidadãos que procuram chegar ao posto máximo do serviço público de um país fazem isso por sofrer de algum problema mental e muitos desses têm em seu currículo uma ou mais tentativas de golpe de Estado, como foram os casos de Luís Bonaparte, Hitler e de alguns mais atuais cujos nomes não vamos explicitar para não melindrar familiares. Quanto à segunda junta de psiquiatras, sem servidores públicos, também é pertinente, como modo seguro de confirmação. E também porque os consultórios particulares precisam continuar existindo, mesmo que se venha a universalizar a estatização dos hospitais.

- Eu também concordo com a Ju, disse Temperança.

- Paralisação de servidor público pode ser considerada greve, Tempe? - perguntou Prudência.

- Não é greve, é locaute - respondeu Temperança. Greve ocorre com empregados assalariados, que põem seus postos de trabalho à disposição, avisando que só voltam à atividade se o patrão atender às reivindicações. No caso do servidor público efetivo, pela prática vigente até este começo de século, temos alguém que é "dono" de seu posto de trabalho, assim como o proprietário da lanchonete da esquina. Esse proprietário, quando não quer atender, faz locaute, não greve. Quando tivermos regime de pleno emprego, no qual os empregados são realocados e nunca exonerados, a greve perderá o sentido, mesmo nas empresas privadas. Outros meios de reivindicar melhoria no trabalho deverão ser aplicados. Por enquanto, paralisações sindicais de funcionários públicos devem ser terminantemente proibidas.

- Outro nó para o governo é a irremovibilidade do servidor público - disse Justiça. Muitos reclamam da estabilidade do servidor público, achando que o problema reside aí. Não é. O problema é ele não poder ser remanejado. Temos de acabar com isso urgentemente. O chefe imediato deve ter entre suas atribuições a incumbência de pedir ao superior autorização para remanejar o funcionário sob seu comando que não esteja cumprindo seu papel com eficiência. E esse remanejamento deve ser permitido por lei. Com esse mecanismo, o funcionário que atender mal será por incompetência, não por falta de caráter, porque este se autopoliciará, mas, em qualquer dos dois casos, ele terá de ser alocado em posição condizente com seu tino. E por que o funcionário de atendimento em serviço privado é avaliado pelo público e o atendente servidor público, não? Isso é por política de desprezo e destruição do serviço público. Temos de acabar também com essa escandalosa diferença de tratamento. Obviamente, isso não vale para o professor, que não deve ser avaliado pelo seu aluno, uma vez que criança não dá mesada aos pais nem condenado dá sentença ao juiz. Nem vale para o chefe de Estado, que pode sofrer impedimento apenas pelo Congresso Nacional, mas esse impedimento só ocorrerá por crime comum, mediante ordem judicial, ou, excepcionalmente, por comportamento belicoso ou gerador de mortandade. Julgamento por crime de responsabilidade passa a valer para o Premier e demais ministros.

- É necessário fazer emenda à Constituição para restaurar o posto de Premier? - perguntou Temperança.

- Não há nenhuma necessidade, disse Justiça. Os parlamentares podem tentar esse caminho, mas estarão indo pelos pedregulhos, em vez de seguir por estrada pavimentada. Basta uma lei ordinária que transforme o ministro-chefe da Casa Civil em procurador da presidência nas assinaturas de contratos internos. E o presidente de plantão passa então a entender como inimigo quem o queira novamente envolvido com empreiteiras. Se pensarmos nos Estados Unidos, o cargo mais próximo ao de Premier é o de vice-presidente, que é presidente do Senado, mas no Brasil é o de ministro da Casa Civil. Em nosso modelo de Parlamentarismo, que na prática é o Semiparlamentarismo, deve haver voto de desconfiança versus voto de apoio, mas não deve haver dissolução da Câmara, porque a regularidade da eleição bianual é um esteio contra crises políticas graves. Enfim, as regras de nosso sistema são estas que vou ler:

1) O Ministro-Chefe da Casa Civil é o Premier, ou Coordenador;
2) O Premier não precisa ser deputado, e ajuda a formar o governo;
3) O Premier acumula a função de porta-voz presidencial;
4) O Premier é do partido que tenha feito mais cadeiras na Câmara;
5) Desempata-se com o desempenho da UF mais populosa;
6) Dois outros ministros são 1º Vice-Premier e 2º Vice-Premier;
7) O Premier, não o Presidente, assina contratos com empreiteiras;
8) O presidente do partido não é indicado Premier, é fiador;
9) O número máximo de partidos com titulares ministros é dois;
10) Dos ministros, a metade é Elite Técnica, a outra, Elite Clássica;
11) Haja *maxime* dez ministérios, e secretarias sejam afetas a eles;
12) O Premier pode ter dois mandatos quadrienais seguidos;
13) O Premier deve ter experiência de anos em governo;
14) Ministros devem ter nível superior ou de ensino médio técnico;
15) Se houver referendo, é sobre Premier, não Parlamentarismo;
16) Obtém vaga partido que faça deputados em ao menos três UFs;
17) Deputado perde vaga se migrar a sigla nova, não fusão da sua;
18) Servidor público passa a ser remanejável de seção;
19) Liminar contra o governo federal só por menos dois juízes;
20) Revoga-se a Divisão Regional de Golbery (1970), pela de 1913.

Zeladoria

- A monarquia tem um zelador do país, que é o monarca - disse Prudência. Na República, muitos acham que o sistema é uma casa sem dono, uma vez que os chefes são temporários. Como se pode mudar essa mentalidade, Ju?

- Instituindo-se o cargo de Zelador Público, ou Zelador do Patrimônio Público, ZPP - respondeu Justiça.

- Gostei da ideia, mas se ele tiver mandatos curtos, como o Premier e o Presidente, não haverá muita mudança - disse Prudência.

- Não - disse Justiça. Ele é um servidor efetivo, que chega ao cargo por acesso, e fica nele até se aposentar, a menos que tenha de ser exonerado a bem do serviço público, ou tenha de ser devolvido ao cargo anterior, por negligência reiterada ou incompetência, a critério do Senado, mediante denúncia, perdendo neste caso o pro-labore a que vinha fazendo jus. Qualquer servidor público federal de nível superior, formado em qualquer área, pode pleitear esse cargo, inscrevendo-se para o exame. Os três primeiros colocados vão para uma sabatina no Senado, que escolherá um dos três.

- Desde 1979, com a atuação do estudante Ahmadinejad, em Teerã, alastrou-se a moda de invasão de prédio público - disse Temperança. Em nosso caso, que respaldo o Zelador terá para agir?

- A lei - disse Justiça. Além da legislação já existente, deve ser aprovada a Lei de Proteção ao Patrimônio Público, material e imaterial, a LPPP, que institui punição pesada (prisão ou multa de pelo menos dez vezes o valor do dano) ao cidadão que ocupar indevidamente ou sequestrar bem público, móvel ou imóvel, em benefício próprio ou como ato de sabotagem. Esta lei deve estabelecer que as autoridades têm prazo muito curto para apuração do dano e execução das penalidades. Já existe, obviamente, o recurso da proteção através da autotutela, mas o poder público costuma ser lento na ação.

- O Zelador não é policial nem governante - questionou Prudência. Então a quem ele recorrerá?

- Ele deve ter canal direto de comunicação – disse Justiça - com o Premier, o Presidente do STF, o Presidente do Congresso, o Procurador Geral da República, o Delegado Geral da Polícia Federal e o Ministro da Justiça. O escritório chefiado por ele deve ser servido por uma assessoria altamente qualificada, com escriturários, técnicos de informática, telefonistas, arquivistas, vistoriadores, fotógrafos, cinegrafistas e motoristas.

- Quais são as incumbências do Zelador? - perguntou Temperança.

- Entre suas incumbências - disse Justiça - estão: (a) mapear mau uso do Patrimônio Público; (b) checar a ociosidade, a disponibilidade, a manutenção, a restauração e a saturação de cada bem público; (c) receber denúncias e encaminhar providências; (d) rastrear os bens públicos em relação à segurança frente a incêndios, ocupações indevidas, inundações, cupins, etc. Haverá também os zeladores estaduais, com funções similares às do zelador federal. E nos municípios o secretário de governo acumula a função de zelador.

- O poder público pode contar com voluntários auxiliando o Zelador? - perguntou Temperança.

- O trabalho voluntário para o Estado deve ser terminantemente proibido - disse Justiça, - por ser um caminho escancarado para a corrupção, como o caso de Paulo César Farias mostrou muito bem, sem falar no caso de outro indivíduo preso mais recentemente. Cabe ao cidadão colaborar através de denúncias, demandas, sugestões, votações, participação em reuniões extraordinárias ou outras atuações do gênero. São sempre participações cidadãs. Quanto a cumprir tarefas de funcionários, como investigar, prender, lavrar documentos, lecionar em escola pública, atuar em trabalhos que constituam jornada e qualquer coisa que envolva responsabilidade oficial, tudo isso deve ser vetado ao voluntariado.

- O brasileiro está acostumado a ver destruição do patrimônio público e não tomar providência, porque acha que não valerá a pena - disse Temperança. Com a nova lei, como deve o cidadão agir?

- Qualquer cidadão poderá ser incriminado se, tomando conhecimento de infração à LPPP, deixar de comunicar o fato à autoridade competente - disse Justiça. Se a infração é cometida por menor de idade, os pais respondem como se fossem eles os autores do delito. Pode parecer injusto, mas os menores são inimputáveis por dois motivos: são seres ainda em formação e têm como responsáveis os pais, ou os substitutos legais dos genitores.

*P*oliciamento

- Um dos partidos pequenos do Brasil tenta doutrinar os jovens na crença de que Polícia Militar e Exército são a mesma coisa, que repressão policial é o mesmo que repressão político-partidária - disse Temperança. Há um perigo nessa pregação?

- É claro que sim - disse Prudência. O Exército, assim como a Marinha e a Aeronáutica, tem a incumbência de guardar as fronteiras, dar apoio à preservação ambiental, proteger o país contra possíveis invasões estrangeiras e manter a ordem pública no caso de haver ameaça à Constituição e ao poder constituído. À Polícia Militar cabe proteger o cidadão contra o crime e o vandalismo, sem olhar a cor partidária de quem quer que seja. Se o Exército se assenhoreou do país por 21 anos, a chamado de Carlos Lacerda, a 7 de abril de 1964, e durante esse tempo esteve com as polícias sob seu controle, isso não significa que as funções da Polícia Militar e do Exército possam ser confundidas. Esse tempo acabou, e esperamos que definitivamente.

- Talvez haja uma tentativa de exumar psicologicamente o passado, como ocorreu no Irã com a volta da teocracia, e nos vários outros países com a insistência na volta da escravidão, sem o cuidado de distinguir trabalho escravo de trabalho servil - disse Justiça.

- Exatamente - disse Prudência, - porque trabalho escravo existe quando o senhor é oficialmente proprietário do trabalhador, coisa que não existe mais em nenhum país do globo terrestre. Mas muitos não querem sair do século XIX. Quanto à atuação do Exército e da Polícia Militar, sonham inutilmente os que acham que os governos possam abrir mão dessas instituições nos próximos séculos.

- A Costa Rica aboliu oficialmente o Exército - disse Temperança.

- Como aquele vizinho que não construiu a parede porque usou a parede de tua casa - disse Prudência. Ainda está em vigor a Doutrina Monroe, segundo a qual agressão a qualquer país americano é agressão aos Estados Unidos. Então qualquer país pequeno das Américas pode abolir seu exército, porque há um exército maior para cuidar da situação. Mas isso é apenas tomar a parede dos outros como âncora.

- Na prática, o poder é sustentado mesmo pelas forças armadas - disse Justiça.

- Enquanto houver ameaça, o que se dará por muito tempo ainda - disse Prudência. Vamos recordar que no Neolítico as nações eram tribos nômades que viviam do extrativismo, sem acumular riqueza. Seus príncipes, ou caciques, assessorados pelos sacerdotes, guerreavam por honra, não para salvaguardar territórios e fortificações. Com o advento da agricultura, que levou à formação de populações sedentárias, do comércio e, portanto, do acúmulo de riquezas, os príncipes tiveram de se fortalecer para garantir o comando de seus povos. Então bandos mais fortes venciam os poderosos de plantão e tomavam seu lugar, mantendo poder vitalício à base das armas. Os que se mostrassem mais fortes, conseguiam durar mais, transmitir o poder aos descendentes e estender mais seus territórios. A política era o poder da guerra. O resultado disso por muitos séculos foi a sedimentação da sociedade de castas, de direito ou de fato. Com o surgimento da democracia, experimentada primeiro na Ilha de Creta, por volta do século VIII a. C., depois aplicada em Esparta por Licurgo, e finalmente nos séculos V e IV a. C. consolidada por Sólon e Péricles em Atenas, iniciou-se o movimento pela substituição das armas pelo voto como instrumento de constituição das direções políticas. No século XX, depois da II Guerra e da formação da ONU, esse movimento passou a ter finalmente uma coordenação mundial, que ainda é incipiente, mas que é atuante. Temos finalmente, desde 1945, a possibilidade de abolir em definitivo a cultura da tomada do poder pela força, substituída pelo domínio absoluto do voto. Para que isso seja garantido, as forças armadas têm de ser transformadas em guardiãs dessa nova cultura. Elas devem servir agora para isso.

- Por enquanto, não é possível governar sem contar com as armas - disse Temperança. Não faz sentido usar o exército para fazer patrulha policial, porque o treinamento que os militares recebem é outro. Mas o exército pode guardar a Casa da Moeda, depósitos do Tesouro Nacional e do Banco Central e outros órgãos desse tipo, assim como guardam as fronteiras. E deve auxiliar as polícias estaduais na área de inteligência. O chefe de Estado, que é comandante-em-chefe das forças armadas, liga-se à segurança pública dos Estados-membros através dessa colaboração do exército. É o presidente da República, e não qualquer outro servidor público, o responsável maior pelo funcionamento das instituições, para que a sociedade nunca caia em estado de anomia. Que o contribuinte saiba do poder presidencial sobre as forças armadas e da colaboração do exército para com as polícias é uma condição para a manutenção da paz interna.

- Governar é atividade policial - confirmou Prudência. De um modo ou de outro, quem tem o poder da caneta está com a incumbência de chefiar as armas. Barack Obama, em atividade cultural dentro do Theatro

Municipal do Rio de Janeiro, em 2011, disparou telefonema ao Pentágono com a ordem de ataque aéreo sobre a ditadura de Muamar Khadáfi, da Líbia, um homem que tomou o poder pela força sob o olhar ainda complacente da ONU. Mortes estavam a caminho, e o próprio ditador morreu, depois de ser capturado por rebeldes do país. Indiretamente, Obama decretou a morte do tiranete. Meses antes, lá mesmo de Washington-DC, ele tinha assinado a ordem para a eliminação de Bin Laden, que residia no Paquistão. Pode-se imaginar que essa atividade policialesca é do chefe de Estado do país mais forte. Engano. Países pequenos tratam policialmente de casos pequenos. Governar num oásis ainda é sonho. O Vaticano se vale da colorida Guarda Suíça. Condescendência em relação a criminosos cria ameaças graves contra juízes e governantes. Em 1977 a pena máxima foi reduzida de prisão perpétua para prisão por prazo de 30 anos. Com o tempo, a interpretação da jurisprudência passou a ser a de subtrair anos de benefícios não do total da pena que ultrapasse esse limite, mas do próprio limite. Assim, um criminoso que pega 70 anos, e que terá de cumprir apenas o limite de 30, se tiver redução de 18 anos na pena, ficará na cadeia apenas 12 anos, e pode, em liberdade, ameaçar o juiz, como já aconteceu. Então é urgente aumentar a pena máxima para 50 anos.

- De um ponto de vista moderno, governar é a arte de preencher cargos, que tratam do acionamento ou da manutenção da máquina - disse Justiça. Mas gostei dessa análise que fizeste, do ponto de vista da Psicologia Evolutiva, dando conta de que no poder vitalício dos príncipes guerreiros formou-se o sistema de castas. Isto significa que no regime republicano, de mandatos temporários, há a tendência de se abolir a cultura da sociedade de castas de modo definitivo.

- Sim, é questão de tempo - disse Prudência. Dentro de dois ou três séculos, a ideia de casta terá ficado no passado, e a sociedade democrática estará finalmente instaurada na mente dos cidadãos. Não haverá mais preconceito contra o cidadão que trabalha lavrando madeira, frente ao que trabalha lavrando sentenças. Todos os trabalhos serão dignos, e atuar em trabalhos manuais será um luxo, mesmo no Brasil, o país que atualmente alimenta o maior preconceito ergonômico, muito mais que preconceito de cor, como os mais velhos costumam afirmar. Se os mais jovens apresentam forte preconceito contra tipo de pele, é por aprendizado infeliz dos seriados americanos de TV. Aliás, os dez anos da lei das cotas de pele, chamada de "cotas raciais", trará uma sequela pesada de preconceito de cor que durará meio século. Mesmo assim, o outro preconceito é maior, porque está sorrateiramente sacramentado nas leis, como a que aboliu o trabalho manual das escolas, em 1971, implementada em 1973, e a que proibiu na prática o trabalho "manual" dos adolescentes, em 1991. Digo "na prática" porque a regulamentação do trabalho do menor continua na gaveta dos parlamentares. Tu deves notar, Tempe, que se o trabalho é proibido aos menores de 18 anos, o sistema de trabalho tem de absorver de uma vez só todos os jovens que atingem a maioridade no ano em questão, e isso cria uma situação insolúvel. Na prática, não se emprega o jovem. É uma estupidez gerando outra muitíssimo pior. É necessário que a lei libere o patrão de pagar encargos durante o período em que o jovem presta serviço militar, quando convocado. É uma imposição danosa para a empregabilidade do jovem. E é claro que a escola não tem como manter reclusos esses jovens todos o dia inteiro, mesmo que tente. E surgem essas multidões de adolescentes assaltando telefone celular nas ruas.

- É a polícia que tem de tratar disso? - perguntou Temperança.

- Só em última instância, e para enxugar gelo - respondeu Prudência. Deves notar que no tumulto com a ocupação das escolas estaduais em São Paulo, no fim do ano de 2015, a solução seria tomar medidas disciplinares no âmbito escolar, como transferência compulsória dos jovens imitadores de Ahmadinejad. Mas o que fizeram foi mandar a polícia lançar gás lacrimogêneo sobre os adolescentes na rua, agravando o problema e obrigando o governo a aparecer como derrotado, embora o grande derrotado tenha sido o aluno estudioso, que passou a ter uma escola pior no ano seguinte.

- Narcóticos devem ser liberados? - perguntou Temperança.

- O comércio no setor privado deve permanecer proibido, disse Prudência. Mas não faz sentido o Estado, que detém o "monopólio da violência", ou da força bruta, manter-se abaixo da delinquência nessa questão. O governo federal, e só ele, deve instituir o monopsônio no setor, uma atividade B2B, mas apenas de empresas para com a União. Órgãos que necessitam dos entorpecentes para uso medicinal e para pesquisa, como a Unifesp, têm hoje de adquiri-los com a polícia, que os toma dos traficantes. Não cabe ao Estado sustentar o vício dos dependentes, mas o governo federal deve ter autorização legal de comprar narcóticos de empresas cadastradas, para fornecê-los a hospitais, que tratam vítimas do problema, que são inválidos temporários, e a centros de pesquisas. Quanto às drogas lícitas, álcool e tabaco, liberá-las para maiores de 18 anos e proibi-las para menores é tudo o de que uma indústria precisa para crescer. Temos de inverter o jogo. Os destilados e o tabaco devem ser liberados para maiores de 17, mas menores de 24 anos. A partir dessa idade, o cidadão tem de ser proibido de comprar e o comércio proibido de vender, de modo a caracterizar a dependência a esses produtos como coisa de imaturos.

- Jânio Quadros, ao voltar à Prefeitura de São Paulo, fez questão de restaurar a Guarda Municipal, como Guarda Civil Metropolitana, dando a entender que isso melhoraria a segurança - disse Justiça. O caminho privilegiado para melhorar a segurança é o pleno emprego, mas para Jânio Quadros era restaurar guardas municipais.

- E a ideia se alastrou pelo país todo - disse Prudência, - de cidades grandes às menores possíveis. Finalmente, em 2013 a presidência da República sancionou lei permitindo que guardas municipais possam usar armas de fogo, tudo para que o Brasil se aproxime mais de uma cópia perfeita dos Estados Unidos. Esses contingentes podem receber tarefas importantes, como bombeiros, assistentes sociais e vigias, mas nunca como policiais. Tudo isso faz parte do clima criado nos programas televisivos das seis da tarde, que vendem sangue humano derramado nas telas como diversão diária. Notícias policiais do quotidiano precisam ser proibidas antes das 23 horas, porque bandidos não são artistas no papel de vilões no horário nobre e policiais não são mocinhos de telenovela infanto-juvenil. Não se trata de censura, mas de classificação por horário, em respeito às crianças e aos jovens. E as armas de cano curto devem ser proibidas integralmente, com injunções para que todos os países da América do Sul adotem a medida, já que as fronteiras são hoje o maior problema no fluxo de armas ilegais, embora deva ser revogada a "Lei do Abate". Na televisão, ao lado da propaganda de armas de fogo e dos destilados, devem ser proibidas também propagandas de escolas particulares e de religiões.

- Eu estava apostando que a Prude tinha um pé no conservadorismo - disse Justiça, - mas agora vejo que não é bem assim. Ela sabe que, conforme Aristóteles escreveu, a virtude está no meio termo.

- Talvez tenha um pé no liberalismo clássico - disse Temperança.

- Já fui convencida aqui de que o princípio da "tabula rasa" não se justifica - disse Prudência, - mas as ideias de Adam Smith, partindo do papel da "mão invisível", acho que não devem ser descartadas por inteiro.

- Quando Adam Smith escreveu "A História da Riqueza das Nações", Prude, James Watt estava às voltas com o aperfeiçoamento de sua máquina - disse Justiça. Era o começo da Revolução Industrial e esses escoceses não podiam prever as consequências sociais da mecanização da indústria. A "mão invisível" parecia fazer sentido, como vinha fazendo desde há muito tempo. Mas David Ricardo décadas depois enxergou algo que o deixou abalado: as máquinas dão um poder desmesurado a seus proprietários, frente aos empregados. Essa constatação está registrada no livro "Princípios de Economia e Tributação" e atiçou a imaginação de grande número de reformadores sociais, como foram os formuladores do industrialismo francês, do radicalismo inglês e do materialismo alemão. O liberalismo clássico não podia mais ser o mesmo. John Locke e Adam Smith são degraus, e tu não podes ficar parada neles. E temos de notar que posse de máquinas pode ser resultado de algum mérito, ao contrário da posse de heranças.

- Como podemos ver hoje a diferença entre direita e esquerda? - perguntou Temperança.

- A esquerda, em teoria, é composta das correntes que pregam ou buscam a melhoria da vida dos pobres, nos aspectos materiais e intelectuais - disse Justiça. A direita e o conservadorismo admitem que os pobres melhorem, mas ao longo do tempo, com o esforço de cada um, sem a ação de nenhum grupo fabiano. Por falar nisso, a Sociedade Fabiana agregou gente de vários matizes, incluindo apoiadores das políticas de Stálin, como H. G. Wells, mas não era essa a filosofia do grupo, e sim ser o embrião do Partido Trabalhista (*Labour Party*). Quanto ao advérbio "hoje", que usaste, precisamos tomar cuidado com as confusões que circulam entre os jovens, que vêm sendo doutrinados com conversas de que ser de esquerda é lutar por liberação sexual e de uso de drogas. Vêm daí os ataques ao trabalho da polícia, que certamente precisa ser criticada e fiscalizada, mas para melhorar, não para se enxovalhar..

- Eu não me oponho aos grupos fabianos - disse Prudência, - desde que a ação esteja voltada à melhoria da vida dos pobres sem a pretensão de tutelá-los.

- A tutela é sonho do populismo, não nosso - disse Justiça. Então deves apoiar o sistema de garantia de pleno emprego.

- Já me convenceste disso - disse Prudência.

Geografia

- Tu falaste em sonho do populismo, Ju, mas cada um tem seu sonho - disse Temperança. Em 1970, o regime militar concretizou um sonho do General Golbery, levando o IBGE a estabelecer a divisão regional que ele apresentou no livro "Geopolítica do Brasil", de 1960.

- Sim - disse Justiça, - e "Geopolítica" é a "geografia política da guerra". Golbery deixa claro no livro que o novo desenho tinha objetivos bélicos. O grande divisor epistemológico no aspecto militar foi a criação da Região Sudeste, juntando os dois pólos São Paulo e Rio de Janeiro, que lideravam, respectivamente, a Região Sul e a Região Leste.

- E com o Sudeste ele criou uma exuberante região, de grande força econômica e demográfica - afirmou Temperança, - mesmo que discordemos dos objetivos.

- No ritmo de Brasil Grande, Milagre Brasileiro e mar de 200 milhas, as pessoas não notaram o jogo arriscado que estava por trás daquela mudança - disse Justiça. No livro, ele designava o país como "Império do Brasil".

- Eram novos critérios de organização geográfica - disse Prudência.

- Ele substituiu os critérios anteriores, que nortearam a primeira divisão regional, de 1913 a 1970 - disse Justiça. Antes, usou-se o histórico da ocupação humana, via grandes bacias hidrográficas. Golbery adotou critérios bélicos e econômicos, rejeitando os critérios históricos, culturais e linguísticos, que eram a base da divisão até então.

- Quais são as desvantagens da nova divisão? - perguntou Prudência.

- Uma delas é resultado direto da pretensão do general - disse Justiça. Não se pode acusar Golbery de ter sido nazista, mas a retirada do líder São Paulo da Região Sul fez com que surgissem vários grupos neonazistas com pretensões separatistas ao sul do Rio Paranapanema, principalmente nas localidades com mais incidência de colonização germânica. A presença de São Paulo como líder da região, apresentando sua formação miscigenada, desde os mamelucos cristãos novos de Piratininga, aos antigos escravos das fazendas de café e os imigrantes de outros Estados, principalmente de Minas Gerais e Bahia, era forte fator de neutralização de qualquer tendência neonazista.

- Isso é realmente preocupante - disse Temperança. Mas quais seriam outras desvantagens?

- Juntar São Paulo e Rio de Janeiro na mesma região, o tal Sudeste, criou uma disparidade de renda e desenvolvimento muito grande no país - disse Justiça. É claro que hoje se tem Brasília, com grande PIB, liderando o Centro-Oeste, mas na época de Golbery não era assim. Era uma região relativamente muito rica, o Sudeste, contra quatro regiões muito pobres.

- Vejo agora que uma terceira desvantagem - disse Prudência - é a descaracterização do espírito formador do país, em termos culturais, incluindo os falares regionais. É como se um alfaiate maluco tivesse descosturado o figurino do país e refeito a costura com o desenho de um daqueles ternos extravagantes que Hitler inventava e usava.

- E que o Brasil continua usando ainda hoje, no século XXI - completou Temperança.

- Como seria uma revogação dessa divisão geopolítica, se não existia o Estado de Tocantins e hoje ele existe transladado para a Região Norte? - perguntou Prudência.

- O Estado de Tocantins estava já desenhado, como parte da Região Norte, no livro de Golbery, no mapa 29, que ele chamou de "esquema 29" - disse Justiça. Uma revogação precisa ser completa, de modo que Mato Grosso do Sul, que também não existia na época, e Tocantins fiquem ambos na Região Centro-Oeste. A Região Sul volta a percorrer de RS a SP; a Região Leste, de RJ a SE; a Região Nordeste, de AL a MA; a Região Norte, de PA a RO; e a Centro-Oeste, de MT a TO. Olhando o mapa com Tocantins na Região Norte, podemos ver que essa região ficou com área de quase metade do Brasil, como mais um sonho insensato de Golbery.

- Como fazer com que a divisão original, de 1913, venha a consolidar-se, uma vez obtida a revogação da divisão de Golbery? -

perguntou Temperança.

- Não será difícil - disse Justiça, - porque, como a Prude disse, é o espírito da formação do país. Mas nós podemos ir além, fortalecendo o papel das cinco superintendências regionais, SUDENE, SUDAM, SUDECO, SUDESSUL e SUDELESTE. Esta última ainda não existe neste começo de milênio, mas deve passar a existir. Elas passam a ser tratadas como cinco repúblicas, compondo a república unida do Brasil.

- Como deve funcionar? - perguntou Prudência.

- Passam a se chamar Palmares (ou Palmeirais), Amazônia, Cerrado, Pinheiros e Atlântica, com capitais em Fortaleza, Manaus, Brasília, São Paulo e Rio, respectivamente – disse Justiça.

- E quais serão os presidentes? - perguntou Temperança.

- Não serão presidentes, mas presidentes honorários - respondeu Justiça. Estes passam a ser os governadores dos Estados onde se localizam as capitais. O governador do Rio de Janeiro, por exemplo, é o presidente honorário de Atlântica, mas apenas por uma questão diplomática. Ele é o chefe de Estado da região assim como a chefe de Estado do Reino Unido é chefe de Estado da Nova Zelândia. Quem exerce a administração é o secretário regional, com título de Superintendente, que é escolhido pelos governadores da região em acordo com o Presidente da República Federativa do Brasil.

- Quais serão as incumbências do secretário? - perguntou Prudência.

- Ele coordena obras e trabalhos contra secas, obras de logística e outros aspectos da infraestrutura - disse Justiça. Ficam também sob a jurisdição dele as estatais federais regionais.

- Que estatais serão essas? - perguntou Temperança.

- Além do Banco da Amazônia, que já existe - disse Justiça, - poderão ser criadas outras, com atuação em todo o Brasil, mas concorrendo com similares das outras regiões. Por exemplo, podemos ter o Correio da Amazônia concorrendo com o Correio de Atlântica, e a TV Cultural de Palmares concorrendo com a de Atlântica e a de Pinheiros. Também a Fábrica de Trens de Pinheiros concorre com a Fábrica de Trens de Palmares, neste caso como empresas de economia mista. Apenas um monopólio não deve ser desmembrado, que é o da Casa da Moeda, porque a Constituição determina, corretamente, que a moeda do país seja única.

- Haverá cinco seleções de futebol? - perguntou Prudência.

- Sem dúvida - disse Justiça. Cinco seleções de canarinhos: uma amarela e azul, uma amarela e preta, uma amarela e branca, uma amarela e cinza, outra amarela e verde. Nas Olimpíadas concorrem também cinco delegações esportivas. Também cinco equipes concorrem ao Oscar e cinco concorrem ao Nobel. Se a Amazônia ganha um Nobel, todos os brasileiros têm de comemorar. Mas uma coisa deve estar bem clara: este arranjo é para a divisão regional natural, não a de Golbery. Se vier essa organização com a manutenção de uma Região Sudeste, teremos uma aberração, um monstrengo bélico, totalmente prejudicial ao espírito da competição saudável.

- Também na UnaSul teremos cinco presidências dentro de cada ciclo, contemplando as cinco superintendências, ou mantemos uma, como foi decidido originalmente? - perguntou Temperança.

- Na UnaSul, a União da América do Sul, o Brasil passa a ter cinco presidências, uma para cada superintendência - disse Justiça, - mesmo porque o tamanho do país é exagerado em relação aos outros membros do bloco. Uma ideia é que em cada nova posse indique-se o governador mais idoso da região em questão. E aqui entra um novo arranjo geográfico: o presidente da confederação mantém o mandato de um ano, em rodízio, como tem ocorrido, mas fixa-se no Rio de Janeiro. A capital administrativa continua em Quito, mas a presidência rotativa não pode ser estabelecida lá, porque, se for assim, a desgraça do Efeito Weimar atormentará o Continente por mais 120 anos. Desse modo, no ano da Argentina, por exemplo, que começa a série alfabética do rodízio, o presidente do país reside no Rio, dirigindo ao mesmo tempo a Argentina e a América do Sul. Mesmo que a presidência brasileira não aceite instalar-se no Rio, a presidência da América do Sul instalada na Cidade Maravilhosa resolverá nosso problema de Efeito Weimar, porque um dos primeiros passos deve ser a unificação da moeda sul-americana, começando pela fusão das moedas de Brasil e Argentina. A alternativa a isso existe, e a arrogância continental tem todo o direito de optar por ela, mas isso significa outro século de afundamento, a menos que se desfaça totalmente a confederação. Quanto à representação na ONU, o Brasil continua uno, porque é uma só nação, com língua única, embora com cinco falares e cinco Superintendências, que são Repúblicas. O Brasil, primeiro signatário, tem a honra de abrir a Assembleia Anual da ONU.

- E se outro país sul-americano decidir dividir-se também em Superintendências visando exercer por mais vezes a presidência do bloco? - perguntou Prudência.

- A UnaSul não deve permitir isso - disse Justiça. - Será uma imitação totalmente descabida, porque os outros membros do bloco já têm dimensões adequadas.

- A presidência da América do Sul é exercida em rodízio entre os chefes de Estado da confederação, com mandato anual, seguindo o critério de ordem alfabética do nome do Estado-membro - disse Temperança. E propões que, no caso de cada Superintendência do Brasil funcionar como Estado-membro, o político a ocupar a presidência sul-americana no ano em questão seja o governador mais idoso na região. A designação se dá, portanto, de modo automático. Não é importante que se institua um processo de competição saudável na escolha da presidência da UnaSul?

- Nesse nível, a competição não seria saudável - disse Justiça. Primeiro, os chefes de Estado já passaram por processos de disputa anteriormente. Segundo, A confederação fica suscetível a turbulências se a escolha de seu presidente ocorrer através de um jogo de resultados imprevisíveis. A competição saudável é essencial quando se trata de vender produtos ou serviços que o homem fabrica ou elabora. Quando se trata de vender a própria figura humana como produto, a tendência pode inverter-se, e o que é saudável pode tornar-se um sutil veneno. O populismo não resulta de outra coisa.

- Em tua vivência de política estudantil nos tempos da faculdade, Ju, que lições mais marcantes trazes contigo? - perguntou Prudência.

- São muitas lições, respondeu Justiça. Mas, obviamente, algumas são mais significativas em nossa formação. Sem contar as conclusões pessoais, lembro princípios que aprendi com colegas e que não posso esquecer. Primeiro, sobre *ironia*. Ela não existe em política. O que é dito vale por seu valor de face. Segundo, sobre *cizânia*. Se tens liberdade e abertura para discordar dentro de teu grupo político, não há motivo honesto para fundar novo grupo, ou partido. Terceiro, sobre *democracia*. Ela só faz sentido entre pares, porque não convém que o servo escolha o feitor, ou a perversão da democracia tomará lugar. E aqui lembro o conceito de "contradição da democracia", de Karl Manheim: quando se escolhe um chefe, entre pares, todos são iguais antes da apuração, para se destacar depois um eleito, que imediatamente deixa de ser um igual. Essa contradição faz com que o estatuto da reeleição seja uma insanidade. O quarto princípio é sobre *conspiração*. Se tu acreditas que os governantes são capazes do maquiavelismo que tens na imaginação e que os escritores de ficção maquinam, não haveria espaço para a democracia e a razão estaria com Hitler, não com Churchill. Como não é assim, alimentar teorias conspiratórias significa abrir a porta para a paranoia da conspiração. Obviamente, as traições existem, e elas surgem de situações concretas, não de ineditismos subterrâneos. Finalmente, o quinto princípio é sobre *discurso*. Tens de emitir tua declaração de um modo que o interlocutor, principalmente o adversário, esteja pronto para entender, e isto vale até para a atividade científica. O clérigo Copérnico publicou as conclusões dele sobre o Sistema Solar depois de trocar Roma por sua Polônia natal, já liberado de suas funções eclesiásticas, em idade madura. Para convencer o outro de que ele está errado, tens de evitar gastar esforços com o uso de argumentos que ele não tenha como processar, a menos que queiras apenas fazer um teste

III - EDUCAÇÃO

- O aprendizado da competição saudável é papel indispensável da escola - disse Prudência. Será muito temerário deixar o indivíduo aprender competição depois de adulto.

- Achas que aos 18 anos é muito tarde para aprender a competir? - perguntou Temperança.

- Existe o aprendizado formal, da ontogênese - disse Prudência, e existe aquele da espécie, da filogênese. O da espécie é o da concorrência bruta da seleção natural. Todo indivíduo vem dotado desse capital, que é instintivo. Se tentarmos mudar isso depois que o cidadão fica adulto, prevalecerá o instinto, a competição bruta, sobre qualquer tentativa de aprendizado de competição saudável.

- A competição saudável exige regras claras e respeito a essas regras - disse Justiça. É parte do tripé do progresso: Disciplina, Mobilidade e Competição. Na seleção natural não existe a disciplina, e a própria mobilidade só existe pela metade, porque só vale para o lado vencedor. O lado perdedor desaparece.

- Então temos de planejar a escola de modo a levar as crianças a trocar paulatinamente essa primeira forma de competição pela segunda - disse Temperança. E temos de enfrentar os formuladores românticos, que acreditam que é possível eliminar o instinto, demonizando a competição em si.

- São malucos - disse Justiça, - porque querem abolir a competição sem abrir mão dos jogos esportivos, que são o instrumento mais básico de ensino de competição saudável.

- Sim, porque o que corresponde a jogo esportivo na seleção natural é a guerra entre bandos - disse Prudência.

- Prude, se acreditas que o homem já traz um arsenal de aprendizados da espécie - disse Temperança, - então como defendias até ontem o princípio da "tabula rasa"?

- Por falta de noção - respondeu Prudência. Eu não conseguia ligar um fato ao outro. Aprender um tema nem sempre significa que estejamos de posse de todas as implicações que ele traz.

$\mathcal{G}$eometria

- Que aprendizado é o mais importante, Tempe, depois de ler e contar? - perguntou Justiça.

- O de Geometria - respondeu Temperança. Até o século VII a. C., só havia o jardim de infância, que na Grécia era a Paideia. Ali a criança aprendia a leitura e um pouco de Aritmética. Na altura dos oito anos de idade, estava formada. Não havia alguma coisa parecida com escola, a não ser os centros de treinamento profissional para adultos jovens. Famílias que quisessem seus filhos continuando algum aprendizado na adolescência, mandavam-nos para o exército ou para o templo. Mas naquela fase Tales de Mileto transformou a Geometria em ciência especulativa. Meio século depois, Pitágoras criou uma instituição para preparar os adolescentes e jovens nos assuntos que ele chamou de Matemática, que eram Geometria, Astronomia, Aritmética e Música.

- Pitágoras tinha clareza de que a precedência estava com a Geometria? - perguntou Prudência?

- Muito provavelmente não - respondeu Temperança, - porque os sucessores e seguidores dele se dividiam entre os defensores da Geometria e os defensores da Música, como assunto fundamental do conhecimento. Filolau de Crotona, por exemplo, apostava na música, que ele dizia ser formada por números em movimento. Mas três séculos depois da morte de Pitágoras, o General Arquitas de Tarento convenceu Platão de que o centro da ciência era a Geometria. A partir daí surgiu a Academia e toda a história que conhecemos.

- Por que o assunto foi desprezado no Brasil depois do fim do governo Sarney? - perguntou Prudência. Será que pensam que o que importa agora é digitar numerinhos na calculadora?

- Talvez seja isso - disse Temperança. Digitar numerinhos sem conhecimento de causa, pois quem conhece questões aritméticas apenas de calculadora eletrônica não consegue distinguir um milhão de um quintilhão, não tem domínio de ordem de grandeza. Ao contrário do que esses pretensos mágicos imaginam, é nas formas geométricas que os números passam a fazer sentido. E para não se pensar que basta a base da Grécia Antiga, convém avisar a essa turma que depois da Geometria, é o aprendizado de frações, principalmente da operação de adição de frações, que libertará a criança da caverna, para que a ciência não seja para ela apenas uma atividade de indivíduos esquisitos, que descobrem os caminhos para o desenvolvimento de maquininhas maravilhosas, remédios miraculosos e naves espaciais.

- Meus professores na faculdade diziam - comentou Justiça - que desde o início do século XX nenhuma descoberta mais foi feita na Geometria, e que o assunto está esgotado para pesquisa.

- É verdade - confirmou Temperança. E isso não diminui a importância do tema. Pelo contrário. Assim como o alfabeto, que está completo, também a Geometria é um assunto já decifrado, felizmente. E é a partir dele que todas as outras ciências se desenvolvem.

- E se o aluno não pretende ser cientista? - perguntou Prudência.

- Se ele não produzir ciência, ele será consumidor dos produtos dela - disse Temperança. Melhor que isso, em qualquer que seja o campo a que ele se dedique, com conhecimento de Geometria ele terá mais possibilidades. Por exemplo, se for advogado, com a base de argumentação de demonstração de teoremas ele terá no tribunal um desempenho muito superior ao daquele que for ignorante no assunto. Os fascistas já sabem, mas os conservadores desinformados, não, então vamos lutar para que eles não venham a saber que a Geometria é a salvação imanente do pobre.

- Por que o aprendizado de frações é tão importante? - perguntou Prudência.

- Se tens uma calculadora eletrônica em tua pochete, ela fará cálculos aproximados - disse Temperança. É bom para o comércio, mas não muito para a ciência. Se tens de dividir equitativamente 20 reais para três garotos, verás na calculadora que cada um ficará com 6,66 e dois centavos te sobrarão nas mãos. Para esse fim, não tens necessidade de precisão. O valor exato dessa operação, entretanto, é vinte terços. Se tens de enviar um homem a Marte, tens de saber trabalhar com números precisos, porque as aproximações levarão a desastres garantidos. Saber fazer as operações com frações, que as calculadoras de bolso não fazem, não significa que as operações com números inteiros podem ser negligenciadas. As crianças precisam aprender as quatro operações, sim.

- Mas para isso terão de decorar a tabuada - afirmou Prudência.

- Existe o decorar por assimilação e o "decorar por decorar" - disse

Justiça. A criança não precisa decorar primeiro, para depois fazer as contas. As duas coisas andam juntas. A escola deve permitir consulta à tabuada nas avaliações até pelo menos o quarto ano. Fazendo contas todos os dias, a assimilação da tabuada vem como presente. Em determinado momento, a criança perceberá que não precisa mais olhar a tabela. É claro que os mecanismos de construção da tabuada devem ser estudados, para facilitar o aprendizado. Mas saber os conteúdos de cor é a prova do aprendizado.

- É assim mesmo - disse Temperança. E a criança não precisa aprender contas apenas com "números abstratos". Pode usar números associados a situações concretas. Por exemplo, aprende a somar 35 mais 41 mais 78 e, logo depois, poderá somar os lados de um triângulo escaleno medindo 15 cm, 22 cm e 32 cm.

Avaliações

- Foi criada uma grande celeuma quando o governo divulgou que instituiria um currículo obrigatório para os diversos graus de ensino - disse Justiça. Tu achas, Tempe, que é mesmo necessário haver currículo obrigatório?

- Podem fazer, mas é bobagem - disse Temperança. O governo se desgastou à toa. O currículo que importa não é o obrigatório, mas o programa dos exames de ingresso. É esse que os pais dos alunos vão exigir que as escolas sigam. O Enem, por exemplo, tem um programa razoável, embora alguns pontos estejam errados na estratégia do exame.

- O que falta? - perguntou Prudência.

- Antes de tudo, separar os conteúdos por série recomendada - disse Temperança. Alguns ajustes nos programas precisam ser feitos, como a abolição do capítulo de juros simples no ensino fundamental, porque isso equivale a ensinar técnica de sangria no curso de Medicina. E também se algum material ensinar que existe trabalho escravo, deve-se exigir a correção do conceito para "trabalho servil", porque trabalho escravo é aquele em que o trabalhador é propriedade legalizada de seu senhor. Se outro ensina que fascismo e direitismo são a mesma coisa, uma perversão latino-americana, isso também precisa ser corrigido. Ensinar conceitos errados às crianças é prejudicar sua capacidade de raciocínio. Em seguida, o Mec deve exigir que o exame seja elaborado enfatizando as últimas séries estudadas. Em cada disciplina, 60% das questões devem ser referentes a assuntos do terceiro ano do ensino médio. Um exame de ensino médio não pode dedicar grande proporção de seus quesitos a assuntos do ginasial, como tem acontecido. Isso sinaliza às escolas que se deve abandonar os assuntos mais avançados e passar a remover temas de anos anteriores, produzindo uma derrubada geral no nível do ensino.

- Essa regra dos 60% deve valer também na universidade e nos exames para o ensino médio técnico? - perguntou Justiça.

- Sem dúvida - disse Temperança. Nos exames para o ensino médio técnico, que deveriam voltar a ser para todos os ingressantes do ensino médio, exigem-se os conteúdos de todas as séries, do primeiro ao nono ano, mas 60% das questões devem ser deste último ano, o nono. A nota do exame deve fazer parte do histórico escolar, que deve conter notas de zero a dez. Criou-se o mito de que o exame era feito para selecionar, sendo abolido à medida que passou a haver vagas para todos. Mas isso é uma leitura mesquinha, porque a importância do exame está em educar, por isso tem de ser para todos. No caso do exame universitário, o Enade, essa medida dos 60% traria novo prestígio à prova.

- A Prova Brasil deve ser aplicada em todas as séries do ensino fundamental? - perguntou Prudência.

- Não - respondeu Temperança. Basta que ela seja feita nas séries finais dos ciclos, terceiro, sexto e nono anos, e também no primeiro ano, de alfabetização. A prova do primeiro ano deve ser composta de figurinhas, cujos nomes a criança vai marcando. Por exemplo, na questão 1 pode vir um pé de sapato, com dez opções de nomes, e a criança deverá marcar a opção "sapato". Noutra questão, sob a figura vem o nome faltando a primeira sílaba, e dez opções são apresentadas à criança. Por exemplo, em "laranja", aparece "...ranja", e uma das dez opções é "la", acertada por quem marcar nela.

- Para a matrícula no sétimo ano, do ciclo ginasial, ou autoral, deve haver um exame de ingresso obrigatório? - perguntou Prudência.

- Sim - respondeu Justiça, - tanto para o ginasial quanto para o colegial. A nota desses dois exames deve constar do histórico escolar do aluno. No ensino médio, o exame deve ser usado para escolha da modalidade de Orientação Profissional da unidade escolar regular. Os que têm notas mais altas escolhem as unidades que oferecem as modalidades mais procuradas. No ginasial, o exame funciona para a escolha do tipo de Trabalho Manual. Aquele que reclama, dizendo que com exigência de nota de exame o filho não alcançará a vaga de seus sonhos, esse deve tomar vergonha e pôr seu filho para estudar seriamente. Ou aceitar uma escola menos concorrida. O exame deve sempre obedecer à regra dos 60%, e desse modo dificulta-se o famigerado "nivelamento por baixo", que é mais uma das tendências perigosas dos governos demagógicos e enganadores. O medo ou o desprezo pelos exames é o primeiro sintoma de conservadorismo mórbido. Obviamente, no ensino das crianças, do 1º ao 6º ano, as famílias devem ter garantia de vaga perto de casa, sem exames de competências e habilidades para determinar isso.

- O exame de múltipla escolha deve ser mantido? - perguntou

Justiça.

- Deve ser abandonado - disse Temperança. É um modelo do século XIX, de quando foi inventada a leitura eletrônica de cartões perfurados. Hoje há possibilidades mais avançadas, mas as autoridades não querem trocar o paradigma. O mais apropriado é a prova de opções digitais, principalmente nas matérias qualitativas. Se a resposta de dada questão é 25, o candidato marca dígito 2 na fila das centenas e dígito 5 na fila das unidades. Nas matérias qualitativas, o mais recomendável é a questão de preencher, com dez opções, em que o candidato marca o dígito correspondente à opção que satisfaz o preenchimento do espaço vago do enunciado. Segundo J. P. Guilford, esse tipo de questão elimina a diferença entre alunos convergentes e alunos divergentes. Quanto ao exame de redação, é necessário esvaziá-lo. Passou a ser valorizado para cobrir a pobreza do teste de múltipla escolha, mas ele peca exatamente pelo lado oposto, da subjetividade exagerada. É muito comum um candidato obter a nota máxima de redação em exames e ser incapaz de redigir uma correspondência comercial. Isso não mostra que a escola está errada, mas que o método de avaliação não faz sentido. A redação funcional é a das respostas nas provas discursivas. É o que falta nos testes de múltipla escolha, que não podem avaliar redação de resposta, método de resolução, traçado, demonstração e modelagem, cinco aspectos importantes do aprendizado.

- Como escapar da mística da redação, especialmente no Enem? - perguntou Justiça.

- O Mec pode continuar com a prova de redação, na mesma grade de temas - disse Temperança, - mas a estrutura da prova em si precisa ser consertada. Em lugar de lançar um tema aleatório, muitas vezes impertinentes, a prova apresenta quatro questões, obviamente discursivas, dos assuntos Matemática, Humanidades, Linguagem e Ciências Naturais ("da Natureza" todas as ciências são). O candidato responde a cada questão, usando de cinco a oito linhas em cada. Na correção, avaliam-se o estilo de escrita e também o conhecimento do assunto, por examinadores distintos. Aos poucos a bobagem da redação pela redação sai de cena. E o Espanhol deve ser descartado urgentemente como língua estrangeira no Enem, porque se trata de uma língua pátria, mesmo antes de isso ser reconhecido em lei. Se "idioma" e "idiota" têm a mesma raiz, brasileiro que domina apenas as línguas portuguesa e espanhola não está caminhando para o poliglotismo, nem mesmo para o bilinguismo, na prática.

- Ultimamente têm sido muito valorizadas também as questões de interpretação de textos - disse Prudência.

- Outra aberração - disse Temperança. Esse tipo de questão nos exames gerais e nas provas de ingresso deve ser proibido, porque representa claramente a destruição da Gramática. Ensinar juros simples, a não ser como contraponto aos juros compostos, e aplicar questões de interpretação de textos, esses atos são modos de despejar drogas nas salas de aula. Drogas intelectuais, bem entendido. Interpretação de texto é importante? É claro que sim, e o professor verá isso quando o aluno interpretar corretamente uma questão discursiva de História, por exemplo. Qualquer questão para ser respondida com conhecimento de causa exige uma boa interpretação de texto na área em questão. O professor de língua não deve se meter nisso, assim como ninguém precisa criar um curso para ensinar a criança normal a andar. Por falar nisso, a tal da Olimpíada de Língua Portuguesa precisa urgentemente ser trocada para Olimpíada de Gramática. Os papéis, que estão cansados de receber baboseiras em suas linhas, agradecem.

- Conselhos de Classes frequentes são uma prática salutar? - perguntou Prudência.

- Não - respondeu Temperança. Atenta contra o desenvolvimento da autonomia do aluno. O Conselho de Classes deve ocorrer apenas após as últimas provas do ano. Nada de conselhos de classes bimestrais. Outra coisa perigosa é a alínea III do artigo 53 do Estatuto da Criança e do Adolescente (ECA). Ela orienta "contestar critérios avaliativos". Uma coisa é um ou outro aluno contestando, outra é a lei mandar fazer isso. Mussolini orientava crianças e adolescentes a "contestar" pais e professores que não pertencessem ao partido fascista. Alguns pontos do ECA precisam ser corrigidos, e esse é um deles.

- EJA, Educação de Jovens e Adultos, o antigo Madureza, fornecido de forma presencial não é um desperdício? - perguntou Justiça.

- Claro que sim - disse Temperança. Se são adultos, e se estão atrasados no tempo, não há nenhum problema em usar meios eletrônicos de aprendizagem. Para eles, deve haver ensino em-rede ("on-line"), com exames presenciais, aplicados periodicamente. O modelo instituído pelo Centro Paula Souza, de São Paulo, precisa ser replicado.

- Como se avaliar no primeiro ano a criança que está aprendendo a ler e escrever, mas ainda não tem esse domínio? - perguntou Justiça.

- Já no primeiro bimestre do primeiro ano deve haver avaliação - disse Temperança. Obviamente não adianta dar uma prova escrita normal para a criança interpretar e responder. Nesse primeiro bimestre, a avaliação consiste em Exame de Leitura em Voz Alta, ELVA, de preferência aplicado pelos gestores escolares. A criança que sabe o alfabeto e consegue ler textos, recebe nota por demonstrar esse desempenho. A que não domina ainda a leitura, lê as letras que já sabe, recebendo a devida nota por essa atuação, e ainda o diagnóstico de seu estágio de aprendizado

- E os exames gerais para os alunos de Medicina, como devem ser? - perguntou Prudência.

- Devem seguir o mesmo critério, mas não podem ser apenas teórico - disse Temperança. A prova deve necessariamente ter uma parte prática, nem que seja com o uso de bonecos de plástico.

- Quanto às provas normais na sala de aula, para notas bimestrais, muita gente acha dispensáveis - disse Justiça. Acho que foi um dos motivos da queda do ensino. Que achas, Tempe?

- Tens razão - disse Temperança. Se os alunos descobrem que não haverá prova, com aplicação severa, evitando cópias ou qualquer fraude, a todo custo, eles terão como primeira atitude o abandono do hábito de estudar. O respeito à avaliação é coisa muito séria. Até os anos 1980 era possível aplicar prova de um único tipo, sem risco de fraude. A partir de então, é necessário fazer dois, três ou até quatro provas distintas na mesma sala, assim como tem feito o exame vestibular. É algo triste e custoso, mas temos de conviver com isso até que algum dia o país consiga ensinar lisura desde a infância. Para se iniciar isso, é necessário instituir uma campanha nacional contra a pilhagem escolar, a velha "cola", ou "pesca". Os professores precisam se engajar, porque a leniência com a fraude escolar hoje é assustadora, dando a impressão de que os docentes estão cuidando de anjos imunes aos chamados da corrupção, ou, numa visão mais negativa, de que não se sentem nada responsáveis pelo comportamento futuro de seus pupilos, quando a atuação positiva da escola nesse quesito pode alcançar pelo menos 10%, se for bem direcionada.

- Basta uma campanha? - perguntou Prudência.

- Campanha para que se tomem medidas, disse Temperança. Quando a maioria agia com honestidade, não fazia sentido premiar o aluno honesto. Agora faz. Então as medidas devem incluir o uso da competição saudável para desenvolver o bom comportamento. Alunos que não pilham, que não enganam e que não mentem devem ser os primeiros a ganhar inscrição para passeios fora da escola, por exemplo. Alunos representantes de turmas devem estar entre os dedicados e mais honestos. Os que obtêm nota, mas sob suspeita de fraude, estes devem ser vetados nessa função. Como em qualquer situação de competição saudável, as regras devem estar claras de antemão. Temos de usar todos os instrumentos à mão para estancar na base a epidemia de furtos e roubos que se alastrou pelo país. Aliás, dada essa situação de descalabro, os passeios fora da escola devem ser feitos com o maior cuidado possível, por parte de docentes e funcionários.

- Provas com consulta são um bom instrumento de avaliação? - perguntou Justiça.

- Só quando ocorrem de surpresa - disse Temperança. Dizer ao aluno de antemão que haverá prova com consulta é o meio mais garantido de fazer com que ele não estude. Isso é o cérebro humano em formação, e não adianta querer sonhar. O material de aprendizagem é que deve ser adequado, sem que haja necessidade de estabelecer facilitações antieducativas no momento da avaliação. As apostilas de Matemática e de Português devem ser amigáveis, isto é, os alunos têm de ser levados a estudar e aprender cada vez mais com seu material sem depender tanto de explicações dos docentes. Os exercícios são um tipo de jogo, mais ainda em Matemática, que tem no acerto do resultado o ganho da partida por parte do aluno. Essa ideia precisa ser aproveitada no processo de ensino-aprendizagem.

- Para que as provas sejam respeitadas, os resultados devem ter consequências - disse Justiça. A retenção de alunos na série, que é uma das consequências mais drásticas, deve ser mantida?

- Sim, mas não como era antigamente - disse Temperança. Um aluno ficava devendo meio pontinho em uma única disciplina, como aconteceu com Einstein em Francês no sétimo ano, e tinha de repetir o ano todo, mesmo tendo tido bom desempenho na língua materna e na Matemática. Atualmente, o aluno deve ficar retido apenas quando apresentar imaturidade gritante, e a escola deve convencer os pais de que se a criança for para a série seguinte naquela situação, estará prejudicada. Nos casos mais comuns de baixo rendimento, o correto é promover o aluno para a série seguinte e exigir dele frequência a aulas de pendência, nos casos de Português ou Matemática, para que alcance a nota que no ano anterior não obteve. Isso pode ser feito no espaço entre-turnos. Nas outras disciplinas, ele pode estudar para fazer trabalhos e provas, sem que a escola ofereça de novo as aulas que ele não aproveitou quando era o momento. Também estava absolutamente errado o esquema de aprovar o aluno automaticamente em algumas séries para reprová-lo só na série X, que costumava ser o quinto ano. Era uma grande maldade deixar o aluno se acostumar na preguiça e na irresponsabilidade para segurá-lo lá na frente, anos depois. Nessa linha, só o triênio inicial fica livre de retenção por série, uma vez que a contabilização do rendimento deve ser feito no fim dos três anos, doze bimestres. Proíbe-se, como propunha Darcy Ribeiro, retenção nos dois primeiros anos. No terceiro ano, se o resultado desses doze bimestres indicar reprovação, então o aluno cursa mais uma vez o terceiro ano, revendo os pontos fracos de todos aqueles doze bimestres.

- Sendo a avaliação de desempenho profissional algo danoso - disse Prudência, - como se pode estabelecer a disputa entre docentes e demais integrantes da equipe escolar para que as escolas melhorem?

- "Há caminhos melhores", como diz Deming, sempre que trata de cotas e desempenho - respondeu Justiça. A avaliação individual de desempenho profissional é algo altamente desagregador entre quaisquer profissionais, como eu disse antes, mas o desastre é maior entre professores, fiscais e policiais. No caso das escolas, a avaliação se faz a partir do aprendizado dos alunos, mas não se premia professor A ou professor B. O prêmio é para a equipe da unidade escolar inteira. Este processo, ao contrário da avaliação individual do profissional, aumenta a coesão do grupo e a colaboração entre os membros. Entretanto, a curva de aprendizagem dos alunos, a ser considerada, não deve ser linear, porque isso não condiz com a realidade. O crescimento previsto deve ser logarítmico. Se a escola está muito baixa em suas notas, o crescimento é rápido, em grandes saltos. Uma escola que já esteja bem, terá acréscimos pequenos. É claro que a comparação com o resultado anterior, com premiação para quem obtém crescimento, é muito importante, mas não se pode descartar também comparação entre unidades escolares distintas, levando-se em conta a realidade de cada grupo social. Outro prêmio que não pode ser desprezado nas escolas é o bônus-frequência: os professores que não faltarem, ou que faltarem muito pouco, ao longo do ano letivo, devem receber um abono substancioso.

Matérias

- Como deve ser a grade curricular dos dois primeiros triênios, o ciclo elementar e o ciclo primário, tradicional grupo escolar das crianças dos seis aos onze anos? - perguntou Prudência.

- Esses dois triênios são a base de tudo - respondeu Temperança. Mas antes é importante frisar que berçário, creche e jardim não são sistemas de ensino e daí não são incumbência das secretarias da educação ou do Ministério da Educação, mas da área da saúde. As secretarias e o Ministério da Saúde devem ter um setor específico de Puericultura para cuidar do assunto. A matriz curricular dos dois primeiros triênios eu trouxe aqui, por escrito:

        0 - Aritmética (3),
        1 - Geometria (3),
        2 - Língua Pátria (3),
        3 - História (3),
        4 - Geografia (2),
        5 - Ciências (2),
        6 - Língua Estrangeira (2),
        7 - Música Coral (3),
        8 - Desenho Artístico (2),
        9 - Ética Cidadã (2).

- O que significam esses numerinhos que disseste depois de cada matéria? - perguntou Justiça.

- São o número de horas-aula por semana - respondeu Temperança.

- Nas grades curriculares deste começo de século não há Música como disciplina separada, que o regime militar aboliu, nem há Geometria, que foi eliminada em seguida - comentou Prudência. São oito disciplinas, mas com Educação Física no lugar de Ética Cidadã. Não achas importante a Educação Física para os pequenos?

- Dos seis aos onze anos, não - respondeu Temperança. Se for levada a sério, a matéria passa a ser algo muito espartano, moldando o corpo das crianças antes da hora. Muitos acham que dez matérias por semana formam um número grande, mas não é assim. Mais que isso, sim, temos de evitar. Nessas dez, as matérias de acréscimo vêm para tornar a escola mais agradável para as crianças, como a Música e a Geometria. A própria Ética Cidadã, que contém regras de trânsito, princípios jurídicos, participação política, deveres, garantias e urbanidade, nossa velha Etiqueta, tudo isso é excitante para os pequenos, que passam a se sentir importantes. Eles aprendem, por exemplo, que no esporte, após o time sofrer uma derrota para a equipe adversária, a regra de urbanidade manda que os perdedores deem a mão aos vencedores, reconhecendo a superioridade, ou a sorte, do outro naquela partida. É aprendizado para a vida toda. A partir dessa matéria, e não apenas nela, temos de reforçar as qualidades e combater os defeitos psicossociais dos brasileiros: leviandade, iconoclastia, dilapidação, diplomismo, "acusaltrismo", momice, "misopatria", ergofobia, "colagismo" e aritmofobia, sem esquecer o defeito mais sutil e mais preocupante, que é nossa arrogância, dissimulada e quase sempre inconsciente. E no caso da Geometria, deves notar, Prude, que não há conflito com Desenho Artístico, pois Geometria trata de formas geométricas, com seus nomes e com as contas relativas a elas.

- No ciclo ginasial, dos adolescentes dos 12 aos 14 anos, qual deve ser a grade curricular? - perguntou Justiça.

- A Prefeitura de São Paulo decidiu chamar essa fase de "ciclo autoral", mas é nosso velho ciclo ginasial - disse Temperança. Tenho também aqui as disciplinas.

        0 - Matemática (4),
        1 - Geometria (2),
        2 - Língua Pátria (4),
        3 - História (2),
        4 - Geografia (2),
        5 - Biologia-Química-Física (3),
        6 - Língua Estrangeira (2),
        7 - Teoria Musical (2),
        8 - Ginástica (2),
        9 - História das Religiões - Trabalho (2).

- Vejo que a matéria número 5 passa de Ciências para o trio Biologia, Química e Física - disse Prudência. A matéria número 8 é mudada de Desenho Artístico para Ginástica, o que era esperado. Mas a décima matéria muda de Ética Cidadã para História das Religiões e Trabalho. Isso não fere o caráter laico do sistema de ensino?

- Feriria, se fosse Religião, em lugar de História das Religiões - respondeu Temperança. A disciplina é ministrada por professores de História, e trata dos aspectos culturais do tema, sem nenhum viés doutrinário. Se aqueles infelizes que cometeram o massacre da Casa Bataclan em Paris, em novembro de 2015, tivessem passado por esse tipo de aprendizado, quase certamente teriam escapado desse destino rude que outros armaram para eles, porque teriam crescido respeitando a cultura religiosa alheia. Quanto ao assunto Trabalho, é nossa velha disciplina Trabalhos Manuais, que o regime militar também aboliu, e que era tratada como artesanato. Ela abrange marcenaria, alfaiataria, gráfica, serralharia, comércio, horticultura, eletricidade e digitação (Magsched), com cada unidade escolhendo suas modalidades, garantindo que no nono ano todos tenham comércio e digitação, nossa velha datilografia. As lições desses trabalhos manuais devem incorporar sempre noções básicas de empreendedorismo, porque o jovem não deve receber diploma apenas de caçador de emprego. História das Religiões ministra-se apenas no sétimo ano, ficando Trabalhos Manuais para o oitavo e o nono. A mudança de Ciências para o trio é para garantir que as três ciências sejam ensinadas no ciclo ginasial, Biologia no sétimo ano, Química no oitavo e Física no nono, o que não vinha acontecendo. Quanto a Matemática e Geometria, com quatro e duas aulas semanais, se houver grande dificuldade em se retomar Geometria como disciplina separada, a divisão pode existir entre os docentes de Matemática, dividindo-se em dois por turma, um com três aulas de Matemática e outro com três aulas de Geometria, em lugar de apenas um ministrando seis aulas de uma só matéria, o que se torna maçante para professores e alunos.

- A língua estrangeira deve ser Inglês? - perguntou Prudência.

- Sim, com exceção do nono ano, quando o Inglês deve ser trocado por Espanhol - disse Justiça, - voltando a ser Inglês no ensino médio. Como o idioma espanhol deverá ser declarado a segunda língua oficial do país, nessa altura troca-se Espanhol por Francês nesse nono ano. E por falar em língua oficial, uma saída necessária para a reforma ortográfica, que separou mais do que uniu, é fazer com que o Brasil adote a grafia lusa, convivendo com a brasileira. Por exemplo, escrever "adotar" e "adoptar", indistintamente, sem que uma das duas formas seja considerada errada ou inadequada.

- Muitos discordam da volta da Música como disciplina porque não existem maestros suficientes - disse Prudência. Isso é mesmo um problema?

- Esses que dizem isso não entendem de poesia - disse Temperança, - senão seria o caso de recomendarmos que lessem e relessem o verso de Antonio Machado: "Se hace el camino al andar". Sem a Música como disciplina nossos jovens estão impedidos de apreciar não só uma simples peça de Mozart, mas também algo como a gravação de Feitiço da

Vila, na voz de Elizeth Cardoso, com acompanhamento de Jacob do Bandolim. Nos primeiros tempos não são contratados maestros. A disciplina deve ficar a cargo de professores, de qualquer área, que saibam tocar um instrumento, de sopro ou de corda. São os que terão interesse em estudar Música e ensinar o conteúdo aos alunos. Essa exigência de especialização que se instalou no país nos últimos tempos é resultado da caminhada de nossa gente para a mediocridade total. Para o professor ensinar Computação ele precisa conhecer Matemática e, obviamente, um pouco de Computação, não tendo necessidade de diploma específico na área. Os professores devem ser incentivados, como no tempo em que o ensino era de bom nível, a lecionar áreas correlatas à de sua diplomação. Do contrário vamos cada vez mais fabricar profissionais limitados e manietados.

- Municípios devem gerir essa fase ginasial, o terceiro triênio? - perguntou Justiça.

- Não, disse Temperança. Precisamos seguir a proposta de Anysio Teixeira, de fazer os municípios cuidarem do nível primário, os dois primeiros triênios, e os Estados cuidarem dos dois triênios seguintes, o ginasial e o colegial. Para o nível ginasial, os municípios continuam com os Centros de Crianças e Adolescentes (CCA), nos contraturnos escolares, e essa disputa com os Estados, que ficam com o ensino ginasial, será salutar.

- Nos dois primeiros triênios tinhas Aritmética - disse Prudência. No ciclo ginasial, a disciplina passa a ser Matemática. Por que não a chamamos Matemática desde o ciclo elementar?

- No ciclo elementar o aprendizado é só de Aritmética mesmo, porque não há álgebra ainda - respondeu Temperança. Além disso, sabes do preconceito pesado que herdamos da Península Ibérica contra a Matemática, gerado pela rejeição aos números nas Guerras de Reconquista contra a colonização árabe. Portugueses e espanhóis não têm culpa por terem desenvolvido essa doença, mas eles nos trouxeram o problema. Daí a importância da disciplina Geometria em separado, algo muito mais necessário entre os países de colonização ibérica que nos outros. As demonstrações geométricas são introduzidas no oitavo ano, mas podes imaginar a facilidade que os alunos passam a ter se estudam Geometria desde o primeiro ano do ciclo elementar.

- E essa Geometria é Matemática da mais pura sofisticação - disse Justiça.

- Sim, porque fazer matemática significa fazer demonstrações - disse Temperança. Com a retirada da Geometria, os alunos completam o ensino médio totalmente enganados quanto a esses assuntos. Com a disciplina Geometria nos nove anos do nível fundamental, os brasileiros tornam-se matemáticos divertindo-se.

- E com a Música, tornam-se músicos - observou Prudência.

Cacildo Marques

- Se não grandes compositores, pelo menos músicos - disse Temperança.

- E assim nosso país passa a ser um país de gente culta - disse Justiça.

- Sem jogar tanto dinheiro fora - arrematou Temperança.

*C*olegial

- O ensino básico deve ser exclusivamente gratuito, sem exceções, ou o ensino pago deve ser incentivado? - perguntou Prudência.

- Prude, as leis atuais dizem que o ensino básico deve ser tornado gradativamente gratuito - respondeu Justiça. Isso vem das Reformas Pombalinas. Condorcet aprovou na França o ensino público e gratuito, meio século depois, mas a origem estava no sistema português, na reforma feita pelo Marquês de Pombal, sob o reinado de Dom José I. Na primeira Constituição do Brasil, sob o reinado de Dom Pedro I, o ensino primário foi instituído como universalmente gratuito. Logo o imperador japonês adotou o princípio, que vale lá até hoje. Aqui, quem funda uma escola de ensino fundamental com cobrança de mensalidades, está nadando no sentido contrário ao que a lei determina. Deveremos, portanto, impedir a abertura de novas escolas pagas, porque são desnecessárias, e assim estaremos cumprindo o ditame da Constituição. No ensino médio, permitir cobranças apenas dos cursos que contenham módulos técnicos, quando particulares. Temos de estabelecer um prazo para o fim dos colegiais puramente propedêuticos com cobranças. Por exemplo, damos cinco anos de prazo para que os colégios particulares que cobrem mensalidades introduzam módulos técnicos em seus cursos, ou fechem. O ensino particular gratuito, isto é, franqueado, como o oferecido pelos sistemas Sesi e Bradesco, são sempre bem-vindos, e amparados pela Constituição. Estes é que devem receber alguma ajuda financeira do poder público.

- Tempe, tens uma grade curricular indicativa para o colegial? - perguntou Prudência.

- Sim, completei o conjunto - disse Temperança. As matérias são as seguintes:

0 - Matemática (4),
1 - Língua Pátria - Latim (4),
2 - História (2),
3 - Física (3),
4 - Química (2),
5 - Biologia (2),
6 - Língua Estrangeira (2),

7 - Ginástica (2),
8 - Prática Psicossocial (2),
9 - Técnica Operacional (2).

- Acompanhando Língua Pátria temos agora o Latim? - perguntou Prudência.

- Nos anos 10 e 12, primeira e terceira séries do ensino médio, continua Língua Pátria - disse Temperança. No ano 11, ou segunda série do ensino médio, o programa passa a ser Latim. É uma preparação para os que vão cursar área biológica, área jurídica e Letras. Para os demais é cultura. A ideia da volta do Latim, porém, não é apenas fornecer esse preparo: é um rito de passagem, prêmio para quem chegou a esse estágio do ensino básico, véspera do ano final do curso. Os alunos das séries anteriores têm de saber que os formandos e pré-formandos estão conversando numa língua de alta cultura, que lhes dá um diferencial. Ela é língua morta como idioma nacional, mas é uma língua viva diluída nas diversas línguas modernas, e é a base de futura língua universal. Em Portugal os alunos têm Grego como disciplina, mas o Latim é mais importante. A lei, entretanto, deve declarar esse Latim do ano 11 como a base da língua pátria, justificando sua substituição por Língua Portuguesa nessa série específica. Se não fosse a necessidade da Gramática e da Literatura do Português no Vestibular e no Enem, Latim poderia ser no terceiro ano.

- O que são essas duas últimas disciplinas Prática Psicossocial e Técnica Operacional? - perguntou Justiça.

- Prática Psicossocial são três disciplinas - explicou Temperança. No ano 10, História da Filosofia; no ano 11, Psicologia; no ano 12, Sociologia e Política. Essa Sociologia que o Congresso Nacional aprovou como obrigatória nos três anos do colégio não faz sentido. Precisa ser trocada pela Prática Psicossocial, nesses moldes. Podes notar que também não há Geografia no ensino médio. Do tema, o que deve importar nessa fase são os mapas históricos, e eles devem ser trabalhados profundamente nos conteúdos de História. Técnica Operacional também são três matérias: Economia Contábil na primeira série ou ano 10, Programação de Computadores no ano 11, segunda série, e Orientação Profissional na última série, ano 12. Economia Contábil é composta de Contabilidade no primeiro semestre e Microeconomia no segundo, não Macroeconomia, que é assunto da faculdade, encerrando-se com uma introdução às Finanças. Programação de Computadores pode ter como objeto o Excel VBA ou alguma outra linguagem simples, para alunos do ano 11. Finalmente, Orientação Profissional é uma matéria profissionalizante, que cada unidade escolar escolhe, entre estas dez opções: (i) *organização de eventos* (por professor de História, de Desenho, ou outro), (ii) *inglês comercial* para escritório (por professor de Inglês), (iii) *eletricidade prática* (por professor de Física ou Matemática), (iv) *computação gráfica* (por professor de Matemática),

(v) *análises clínicas* (por professor de Química ou Biologia), (vi) *desenho técnico-industrial* (por professor de Matemática ou Desenho), (vii) *desenho arquitetônico* (por professor de Matemática ou Desenho), (viii) *digitação* (por professor de Língua Pátria ou outro), (ix) *administração de RH* (por professor de Psicologia ou Sociologia), (x) *controle estatístico de qualidade* (por professor de Matemática).

- Essa disciplina de Orientação Profissional não trará o risco de desestimular o aluno a cursar módulos técnicos? - perguntou Prudência.

- Essa disciplina não dará uma formação técnica - disse Justiça. O objetivo dela é exatamente despertar o aluno para escolhas profissionais e dar uma iniciação. Os que cursarem módulos técnicos estarão ainda mais bem preparados.

- Que professor ensinará Economia Contábil nesse ano 10? - perguntou Prudência.

- O professor de Matemática - respondeu Temperança, - mas a disciplina pode ser também ministrada por professores formados em Geografia e Sociologia, bastando para isso um breve preparo que pode ser oferecido via internet. Qualquer tópico que utilize equação quadrática esses professores dominam. A dificuldade pode surgir apenas nos juros compostos, que necessitam dos logaritmos para o cálculo do tempo de investimento, mas, se é um professor de Geografia que está com a matéria e teme não se expressar bem no tema, basta que ele peça ao professor de Matemática que ministre duas ou três aulas sobre o assunto, dentro do próprio conteúdo de Matemática. O que não deve continuar é o ensino de uma economia do século XVIII, a Economia Política, sendo ministrado pelo professor de Geografia, porque é um assunto datado, devendo ser tratado pelo professor de História, no devido contexto cronológico.

- A volta da Geometria, com o uso de régua e compasso - disse Prudência, - da Música e dos Trabalhos Manuais e também a introdução da Orientação Profissional no último ano do colegial trarão uma mudança positiva estupenda no comportamento dos jovens brasileiros - disse Prudência. Os contrários dizem que as crianças de hoje agredirão umas às outras com a ponta seca do compasso, mas, se é assim, basta usar ponta seca de plástico, sem metal. O modelo de ensino implantado em 1971 não pode continuar, porque é a ante-sala da tragédia. A menor maneira de fazer com que teu filho cresça romântico, disponível para ser fanatizado e suscetível a aderir a grupos extremistas, como EI e Boko Haram, é mantê-lo na redoma de vidro, sem contato com o mundo do trabalho ou da pobreza, deixando para apresentar a realidade do mundo a ele apenas quando ele tiver 17 ou 18 anos. Na França e na Bélgica o propenso a seguir esse caminho é aquele irmão caçula, que veio ao mundo quando o pai já estava bem estabelecido como comerciante, ajudado pelo suor do primogênito. Uma pitadinha de Síndrome de Asperger, que garante incompreensão frente à conotação e a obediência cega ao líder maldoso, e a desgraça está armada. Aquele irmão mais velho não consegue entender porque o irmãozinho, tratado com tanto zelo e carinho, tornou-se extremista assassino.

- Muitos contingentes de jovens que se suicidam ou que pegam o revólver e saem assaltando fazem isso porque a formação que tiveram não apresentou nada de útil que suas mãos pudessem fazer em termos de vida prática - disse Justiça. Já vi jovens dizerem que após aprender uma profissão manual desistiram completamente da ideia de suicídio.

- Esse modelo de ensino reducionista que foi sendo construído no Brasil - disse Prudência - é resultado de uma grave doença psicossocial, que é o preconceito contra o trabalho manual. Se os mais velhos doutrinam as novas gerações a partir de suas patologias enraizadas, o resultado é tragédia nacional.

- A própria cultura da pilhagem, que tanto cresceu nas últimas décadas, vem do distanciamento do jovem frente à produção, o que faz com que ele passe a achar que o acesso ao valor tem de vir através de um atalho - disse Justiça. Se a produção só ocorre no quintal do outro, para que o valor chegue a esse jovem o caminho que ele enxerga é a fraude.

- Temos de abolir a "escola da mão direita" - disse Temperança, - em que o jovem nunca usa a mão esquerda, e usa a mão direita apenas para escrever milhares e milhares de páginas sem sentido para ele ao longo de doze anos de escola básica.

- Disseste bem - disse Prudência. O abstrato faz muito sentido, mas só para quem conhece o concreto. Um jovem que cresce vivenciando apenas o abstrato, vive num mundo esquizofrênico. Então fraudar exames, pichar paredes e assaltar celular são atos completamente integrados no universo incongruente que ele tem na cabeça.

Aprendizado

- Juntamente com a abolição das matérias de base, que usam a mão esquerda ou que estão relacionadas ao trabalho - disse Justiça, - veio o mito de que os alunos não devem decorar nada.

- E isso é uma calamidade para a grande maioria - disse Prudência. Tornou-se um subterfúgio para a prática de distribuir diplomas vazios. Segundo Freud, a maioria é composta de pessoas obtusas, o que significa que poucas elaboram. Voltaire, antes dele, chegou a precisar uma quantidade muito baixa dessa turma. Escreveu que a proporção de pessoas de talento era de seis em 1000, sendo 1% entre os homens e 0,2% entre as mulheres do tempo dele. Mas as pessoas envolvidas com educação atualmente não podem desprezar alunos de antemão, como se fazia no fim do século XIX. Maria Montessori, recém-formada médica, foi trabalhar na ala infantil do hospital psiquiátrico. Os pacientes eram crianças que a escola descartava, por apresentarem dificuldades aparentemente insanáveis de alfabetização. Montessori criou então o método de alfabetização dela, com uso de materiais concretos, e salvou para a vida produtiva a maior parte daquelas crianças. O que vemos agora é que poucas são as pessoas que podemos chamar de "heurísticas". As outras, as "sensitivas", são aquelas que precisam de muita repetição para o aprendizado. Quer dizer, uns são rápidos, outros, lentos, assim como no atletismo.

- O certo é que se desprezamos o valor do aprendizado decorado, sem assimilação heurística - disse Temperança, - condenamos ao semianalfabetismo aquela grande maioria de cidadãos sensitivos, que não são tantos quanto Voltaire imaginava. Mas a diferença está realmente na quantidade de repetições necessárias para o aprendizado de dado tópico. Uma criança heurística vê que 2x3 dá 6 e 4x3 dá 12. Logo deduz que quando dobramos um fator, de 2 para 4, o resultado estará também dobrado, de 6 para 12. Assim, sabendo que 3x7 dá 21, ele não precisa decorar o resultado de 6x7, porque já descobriu que basta dobrar 21. O aluno sensitivo, diferentemente, tem de fazer muitos exercícios em que 6x7 aparece com o resultado 42, até incorporar o fato. O mesmo fenômeno se dá com Geografia, Inglês, Biologia, Música, e assim por diante.

- O que fazer com os alunos heurísticos então, depois que eles realizam rapidamente as tarefas destinadas à turma? - perguntou Justiça.

- Os alunos heurísticos, que são os mais rápidos, devem sempre ter tarefas adicionais, mais instigantes e mais aprofundadas, sem avançar nos tópicos em relação ao restante dos colegas, como faziam na Idade Média - disse Temperança. Nos casos em que os assuntos sejam mais pesados, eles podem se dedicar a dar explicações aos alunos mais lentos, sem permissão para fazer os exercícios destes. Fora dos momentos de exames escritos, as injustamente temidas provas, é sempre bom colocar os alunos para trabalhar em dupla, ou em trio, mas cada um tendo de entregar sua tarefa individualmente, para não se treinar para o parasitismo. O que não pode continuar a ocorrer é essa situação de enorme contingente de alunos que estão no primeiro ano do ensino médio sem saber subtrair 58 de 71 e sem conseguir distinguir um adjetivo de um verbo. E esses aprendizados simples são acessíveis ao mais lento dos alunos, desde que ele seja tratado como pessoa normal, que é essa pessoa que prefere decorar as técnicas e os conceitos, mesmo que isso demande um tempo maior.

- Por muito tempo se criticou a técnica de "decorar por decorar", e isso talvez tenha ajudado na destruição do sistema de ensino - disse Prudência.

- Quando alguém critica o ensino de "decoreba" - continuou Temperança, - repete chavão de 1925, prejudicial à grande massa dos seres humanos. Para Rudolf Steiner, não faz sentido obrigar a criança a decorar que "ilha é um pedaço de terra cercada de água por todos os lados", mas o que não faz sentido é deixar essa frase sem significado. O professor e o livro não precisam mudar esse enunciado clássico, mas apenas trazê-lo acompanhado de desenho ilustrativo, ou de maquete, tudo o que contribua para facilitar a memorização, na base da aprendizagem significativa, isto é, sempre com referência a conhecimentos que a criança já domine. No limite, os heurísticos, que elaboram e deduzem sozinhos enquanto aprendem, sequer precisam de escola para adquirir conhecimento programático. Estão lá porque necessitam de sociabilização e porque os cidadãos devem ser tratados como iguais, o que é sadio e democrático.

- É saudável separar os alunos bem dotados em turmas especiais, e também em escolas específicas? - perguntou Justiça.

- Não, porque tanto a turma especial quanto a escola específica para superdotados trazem danos à saúde mental dos alunos - disse Prudência. Separar na mesma escola salas de alunos fortes das salas de alunos fortes é ato de gestores tirânicos, em geral pouco ilustrados. As autoridades educacionais têm de ficar de olho neles, e exigir que leiam de Telford a Psicologia Educacional, cuja segunda parte trata de mensurações escolares. Quanto às unidades escolares de nível diferente, é admissível e salutar o caso em que isso ocorre por demandas de cursos profissionalizantes com grande diferença de status. Por exemplo, nos Estados Unidos, num dado ano recente, a classificação das sete primeiras universidades pelo desempenho dos candidatos no exame de ingresso SAT foi: Cal-Tech, Chicago, Harvard, Princeton, Yale, MIT e Vanderbilt. Certamente os alunos da Cal-Tech, Califórnia, têm desempenho acadêmico superior aos da Vanderbilt, Tenessee, com seu sétimo lugar. A diferença em relação à UCLA, Los Angeles, muito conhecida, que ficou na posição 83, é ainda maior, sem contar a diferença em relação às faculdades de baixo padrão que pululam pelas esquinas. Essas diferenças também existem nos colégios profissionalizantes, e não há nenhum problema nisso, porque os alunos da ETEC São Paulo, no bairro da Luz, não convivem com os da escola técnica menos procurada da mesma cidade, a não ser em algum jogo de futebol entre as duas unidades.

- Assim, um bom meio de premiar alunos de alto desempenho é fornecer a eles a possibilidade de concorrerem a vagas de escolas muito procuradas, onde poderão desenvolver mais suas habilidades - disse Justiça. Se os alunos têm incentivo para estudar, concorrendo por vagas, muitos aprenderão muito. Se não há nenhuma concorrência, todos aprendem pouco. É como na produção econômica: na "Fábula das Abelhas" não há lucro, nem competição, nem luxo, nem supérfluo, nem criatividade, e todos vivem de forma medíocre e empobrecida. Se, ao contrário, for permitida a competição saudável na busca de lucro, muitos gerarão riquezas. Em Cuba as autoridades andam discutindo se limitam os lucros dos conta-propristas, que estão ficando ricos. Ora, sem essa busca do lucro não há enriquecimento de ninguém e, se enriquecimento há, ele não deve ser punido. A menos que isso se dê à custa de desemprego de muitos. Também na escola, quando os alunos de alto potencial aprendem muito, todos ganham, a menos que a ênfase esteja no individualismo, sem nenhuma forma de colaboração. O desperdício das capacidades é a perda mais triste para a sociedade. Então que os alunos concorram às vagas desejadas.

- É o melhor prêmio para eles - disse Prudência, - e ainda temos de levar em conta que o desafio e a disputa é que despertam e desenvolvem o gênio, nunca a boa vida dada de bandeja.

- É importante que sejam apresentados aos alunos muitas oportunidades de disputa, em vários campos - disse Temperança.

- Sim, concordou Justiça. Precisamos instituir uma Olimpíada de Geometria, específica do assunto, para os alunos do nono ano, em caráter nacional, a cada ano. Para os alunos do final do sexto ano, uma Olimpíada de Gramática, também nacional, em lugar da dispersiva "Olimpíada de Língua". Para o ensino médio, temos o Enem, que só precisa criar vergonha e exigir assuntos da última série em ciências, a começar da Matemática. Mas temos de instituir os Jogos Colegiais, para alunos do segundo e do terceiro anos do ensino médio. É um período olímpico, no mês de julho de cada ano, sendo cada edição numa cidade litorânea, em que as 27 delegações estaduais competem, incluindo esportes aquáticos. A organização é do Mec, mas deve haver patrocínio de empresas, públicas e privadas, para as equipes, pois os jovens precisam viajar acompanhados de adultos, entre funcionários das secretarias de esportes., genitores e professores. Os bancos públicos precisam trocar o patrocínio aos esportes que se autofinanciam por patrocínio aos esportes olímpicos, ocupando o vácuo do Clube Banespa. Nos Jogos Colegiais não deve haver futebol de campo, mas futebol de salão, e deste só participam alunos que concorram em pelo menos mais uma modalidade, quer dizer, para ser da equipe de futebol de salão o aluno precisa estar na delegação de vôlei, ou de basquete, ou de natação, etc. É um meio de valorizar os outros jogos a partir do chamariz, que é o futebol. Se a televisão privada não se interessar, convocam-se as TVs públicas, incluindo TV Câmara e TV Senado.

- Um problema grave nas escolas hoje é essa prática de doação, ou dação, em que o governo fornece livros, uniformes e materiais indistintamente, para alunos necessitados e para os remediados - disse Temperança.

- Isso vem da mentalidade da sociedade de castas e era uma pregação do Partido da Frente Liberal logo que se exauriu o regime militar - disse Justiça. Os que agem assim tentam estabelecer uma clivagem social, decretando que são abastados os que pagam colégios e que são coitados os que buscam a escola oficial. Nunca levaram a sério Condorcet. De qualquer modo, a maneira mais rápida de destruir as livrarias é entregar livros diretamente às crianças, isso num país carente de pontos de vendas de livros. Precisamos urgentemente de uma lei proibindo qualquer governante de entregar bens tangíveis a escolares menores de idade. Livros e materiais para os necessitados devem ser entregues aos pais, não aos pequenos, que não devem ser deseducados com a demagogia de políticos espertalhões. Isso começou com a entrega das latas de leite em pó, em São Paulo, que eram antes distribuídas às mães nos postos de saúde. Passaram a entregar às crianças na escola e os governantes seguintes, em lugar de corrigir a pilantragem, ampliaram o sistema. Para corrigir, lei federal deve determinar a proibição de materiais dados diretamente, substituindo isso pela entrega de tíquetes aos pais que deles necessitem, e demandem isso, para que retirem nas lojas os livros e outros materiais escolares. Se os pais tiverem de frequentar as livrarias, os livreiros ganham alguma margem por seu serviço e ainda veem suas lojas voltarem ao vigor. Aquelas muitas que foram transformadas em templos e em estacionamentos, podem voltar a ser livrarias. Além disso, os livros das escolas oficiais voltam a ser os livros normais, usados em quaisquer outros tipos de escolas, como era antes, porque os pais menos necessitados continuam a comprar, sem receber materiais grátis, numa liberalidade sem sentido. Isso vale também para a merenda escolar, que se tornou almoço regular. Os pais com boa renda pagam a recarga do cartão de alimentação, que deve ser passado na máquina do refeitório escolar, enquanto que os mais pobres recebem essa recarga como serviço do Estado. Entre as crianças, não há a informação sobre quem pagou e quem recebeu recarga "grátis". O refeitório pode ser gerido pela Associação de Pais e Mestres (APMs), que devem voltar a seu papel de ajudar financeiramente a escola, inclusive contratando empregados, como antes. Se for conveniente aqui, devemos estudar a transformação delas em cooperativas escolares, como na França, com trabalhos em reciclagem, artesanato e outros. O importante é que todos os alunos sejam educados para a questão dos custos dos bens tangíveis. Ainda é cedo para saber o efeito psicológico em gerações que crescem na escola recebendo produtos físicos custeados por outros que não seus pais. O certo é que empreendedoras dificilmente elas serão.

- Os partidos que defendem doação de materiais a todos os matriculados da escola pública estão errados? - perguntou Prudência.

- Estão errados, sim, ante uma visão democrática de governo e Estado - respondeu Justiça, - mas estão coerentes com o propósito de consolidar uma sociedade de castas, porque essa política é parte de um plano tácito de afugentar a classe média da escola pública, deixando-a apenas aos desvalidos da sorte, a receber um ensino cada vez mais fraco. Se o material é reutilizável, como o livro, o educativo é o empréstimo, não a doação. O outro resultado danoso é que enquanto o investimento em educação estiver sendo canalizado para demagogia e desperdício, e não para o ensino em si, a remuneração do professor do ensino oficial não tem como melhorar. Se alguém achar que subsídios universalizados, para todos, resolve o problema das duas castas,.como foi feito na Venezuela com os combustíveis e os alimentos, precisa ser avisado de que isso também leva ao desastre econômico. O subsídio ao trigo no Brasil durante a gestão do Ministro Mário Henrique Simonsen na Fazenda ajudou no combate à inflação, mas o ideal é que algum outro instrumento tivesse sido usado.

- Na escola dos pequenos há atualmente um problema sério que é a medicalização da infância e do escolar - disse Temperança. Como podemos escapar disso, Prude?

- O problema está na lei, que precisa ser corrigida - disse Prudência. Desde o final do século XX, quando a criança falta às aulas por dias seguidos ela tem de levar, por lei, atestado médico, comprovando que a ausência se deu por questões de saúde. O atestado tem de constar de seu prontuário na secretaria da escola. Disso veio a excessiva medicalização. Fazer campanha contra isso não adianta. O que tem de ser feito é mudar a lei, abolindo a necessidade de atestado médico para comprovação de ausências seguidas. É mais uma correção a se fazer no ECA. O que deve valer é a palavra dos pais. Se os pais vão à escola e assinam documento dando garantias de que o aluno faltou por estar com problemas de saúde, ninguém precisa questioná-los. Os responsáveis pela criança são eles, não o médico, e se eles estiverem cometendo perjúrio, o prejuízo é deles, e isso é muito menos grave do que comprar um falso atestado médico.

- Remédios psicotrópicos para crianças e adolescentes são bem-vindos, ou há exagero no uso? - perguntou Temperança.

- Há exagero - disse Prudência. Um adulto que saia gritando pelas ruas, ou que ande por aí sem nenhuma roupa, está saindo do padrão esperado para alguém de sua idade. Uma criança que comete desatinos, esta está em fase de experimentação. O senso de responsabilidade é adquirido paulatinamente, enquanto ela cresce. Enfiar injeções e comprimidos num adolescente ou guri por ser ele hiperativo ou por fazer muito barulho é coisa fora de propósito. Obviamente, uma criança que machuque rotineiramente os colegas precisa de acompanhamento psicológico, mas, mesmo para essa, o uso de psicotrópicos deve ser a última opção. Quanto aos medicamentos que sirvam de "dopping" cerebral, como Ritalina, Pemolina ou outros, precisam ser evitados ao máximo, com a fiscalização de pais, professores e gestores escolares.

- Falamos antes em Escola de Tempo Integral e não aprofundamos a discussão sobre o tema - disse Justiça. Como os pais demandam e os políticos prometem atender, qual deve ser o encaminhamento para isso, Prude?

- A Escola de Tempo Integral em si não é problema - respondeu Prudência. Danoso é a criança ter aulas regulares o dia inteiro. No início dos anos 1990 foi desenvolvida a ideia de CEO, Centro de Entretenimento e Oficinas, como um anexo escolar para a criança ficar no contra-turno das aulas. A ideia de Oficina foi desvirtuada, por causa do preconceito contra o trabalho manual. Mas o conceito de contra-turno sem aula regular teve seu lugar. É necessário hoje insistir nele e generalizá-lo. Se o aluno tem suas aulas regulares no turno da manhã, no da tarde ele tem atividades variadas, jamais aula de disciplinas regulares. O que tem aulas no vespertino, no turno da manhã tem suas atividades extra-curriculares, embora a situação ideal seja essa em que todos tenham aulas regulares pela manhã. No contra-turno, no lugar de professores ele é acompanhado por instrutores, sejam artísticos, sejam esportistas, sejam orientadores profissionais. Esses instrutores, quando têm formação superior, ganham pelo menos 5% mais que professores regulares. E como não são professores, ficam proibidos de aplicar avaliações escritas, com notas, aos seus alunos, a não ser um ou outro relatório de atividades, quando solicitados. Eles podem acompanhar os alunos no aprendizado de jogos olímpicos, xadrez, instrumento musical, dança, natação, realização de trabalho manual especializado e, no caso de turmas de nono ano em diante, fotografia e vídeo. No caso do trabalho manual, o instrutor complementa a tarefa do professor regular da disciplina. Quanto ao acompanhamento de realização de leituras ou cumprimento de tarefas escolares das demais disciplinas, isso fica a cargo de inspetores de alunos, não de instrutores. Os Centros de Crianças e Adolescentes (CCAs), que são geridas por associações privadas conveniadas às prefeituras, precisam apresentar em seus projetos atividades de artesanato e aprendizado de profissões, como laborterapia e como preparação para a vida adulta. Esses tópicos precisam ser exigidos pelo poder público contratante.

- Que autoridade o instrutor terá no contra-turno, se ele não pode aplicar avaliações escritas nem atribuir notas? - perguntou Temperança.

- Ele não precisa ter a autoridade de professor - disse Prudência. A atividade extra-curricular é lúdica e é mais divertida para os pequenos que as aulas regulares. Além disso, os pais têm direito de encaminhar seus filhos para outros tipos de cursos, que não sejam de aulas das disciplinas regulares, fora da unidade escolar, por exemplo, em centros especializados de natação, além dos CCAs. Assim, o número de crianças no contra-turno de atividades dentro da unidade escolar tende a ser menor que no das aulas regulares.

*S*uperior

- Quanto à organização dos cursos superiores, o que temos hoje no país é digno de ser mantido? - perguntou Justiça.

- Muitos cursos devem ser abolidos no nível de graduação e passados para pós-graduação - disse Temperança. Não é o caso de transferir já o curso de Medicina para pós, como nos Estados Unidos, mas muitos outros precisam ser mudados rapidamente, porque a juventude não merece continuar sendo enganada e o país precisa formar quadros para seu desenvolvimento.

- Que cursos deveríamos ter em nível de pós-graduação, mas não como graduação? - perguntou Prudência.

- De imediato, Turismo, Propaganda, Jornalismo, TV-Radialismo, Ciências da Natureza, Pedagogia, Normal Superior, Psicopedagogia, Administração Hospitalar, Comércio Exterior, Música Popular e Direito - respondeu Temperança.

- Se não deve haver graduação em Pedagogia, os diretores de escola não devem passar por esse curso? - perguntou Justiça.

- Não devem - disse Temperança. Os Estados que fazem exigência de curso de graduação em Pedagogia para diretores de escola precisam revogar os dispositivos correspondentes. Para ser diretor, os professores devem prestar um exame especial, após cinco anos de magistério. Os que forem aprovados, ficam no banco de reservas, qualificados para exercer a direção. O período do diretor deve ser de quatro anos, podendo haver renovação por um segundo período na mesma escola. Após esse prazo, ele volta à sala de aula, deixando de receber o pro-labore. Ou exerce a direção em outra unidade.

- Que curso de graduação fica no lugar de Pedagogia e suas duas correlatas? - Perguntou Justiça.

- O bacharelado em Psicologia Educacional - respondeu Temperança. Deve ser um curso de Psicologia, com abordagem rigorosamente científica, voltado para a área da educação. A rigor, devem existir cinco cursos de graduação, bacharelados de quatro anos, ficando todas as especializações para o nível de pós-graduação. Isso não precisa ser feito agora, mas deve resultar de uma reorganização de médio prazo. Esses cinco cursos são:

0 - Matemática;
1 - Física;
2 - Biologia;
3 - Psicologia (Educacional);
4 - Produção (Econômica).

- Não seria importante incluir também a Química, que é uma ciência básica? - perguntou Prudência.

- A Química está embutida na Física, enquanto a Ciência da Computação está embutida na Matemática e a Biomedicina está na Biologia - disse Temperança.

- E as Letras, a História, o Direito? - perguntou Justiça.

- Biologia e Psicologia têm Latim no currículo, de modo que os graduandos estarão preparados para fazer especialização em Letras e Direito - disse Temperança. Bacharéis desses e dos outros cursos também podem se especializar em História, Geografia, Sociologia, Jornalismo, Música, Engenharia, Farmácia, Medicina, e assim por diante.

- As leis de exigência de diploma específico de graduação ficam obsoletas com tal mudança, disse Justiça. Isso será bom para o país?

- Certamente, respondeu Temperança. Onde a lei disser que o cidadão deve ser graduado na área tal, como, por exemplo, Estatística, ficará valendo que o indivíduo deverá ser graduado, simplesmente, não mais importando a área. Certamente, a lei que proíbe o exercício ilegal da Medicina continuará em vigor, exigindo que o profissional tenha a qualificação específica, pós-graduada, para emitir receitas de remédios alopáticos industrializados e para fazer cirurgias. A exigência de formação específica para o exercício da profissão veio dos médicos, na Idade Média, por ser um trabalho que inerentemente envolve risco à vida humana, e ela deve continuar. Para os outros ofícios. deve valer a competência, não o diploma. Um estatístico tem de mostrar na prática que aprendeu Estatística, servindo o diploma apenas como mais um indicador. O advogado Paulo Freire era conhecido mundialmente por sua habilidade em alfabetização de adultos, mas ele foi empossado para cuidar da educação de crianças em São Paulo. Percebendo a inadequação da demanda sobre ele, pediu exoneração no meio do mandato.

- Qual é a vantagem central de reduzir as centenas de modalidades de graduação existentes para apenas cinco, Tempe? - perguntou Prudência.

- A primeira delas é a eliminação dessa prática disseminada pelo país de se enganar a juventude com cursos fantasiosos, que fornecem diplomas que só depois o graduado descobre que eram vazios - disse Temperança. A segunda vantagem é a da simplificação burocrática, pois se nós diminuirmos o número de portas para a corrupção e a enganação, essas coisas tenderão a minguar. Dos cinco cursos, três formam elite técnica e apenas dois, Biologia e Psicologia, formam elite clássica, embora sejam cursos modernos. Mas isso não significa que 60% dos universitários serão elite técnica, contra 40% do outro lado, porque o número de vagas por curso não é uniforme. Podemos ter mais de 50% das vagas distribuídas nos dois cursos de elite clássica, se a demanda levar a isso.

- Dos cinco, quais têm Cálculo e Física no currículo? - perguntou

Justiça.

- Matemática, Física e Produção, que formam a elite técnica - disse Temperança. Biologia e Psicologia têm Estatística. Química só o curso de Física tem, de modo que se o bacharel de outra modalidade quiser seguir um curso de Engenharia que precise de Química, ele cursa a matéria da graduação como adaptação. Existe uma lei neste início de século que proíbe uma mesma universidade de fornecer mais de um curso de graduação com o mesmo nome na mesma cidade. Com a redução das modalidades para cinco, essa lei deve ser revogada, porque a universidade deve oferecer o mesmo curso em bairros diversos.

- O positivismo, de onde veio o lema "Altruísmo, Ordem e Progresso", defendeu que a Psicologia não seria ciência, e que a Sociologia é que tinha de se constituir em ciência positiva, quer dizer, ciência laboratorial - disse Justiça. Isso foi um erro de avaliação?

- Um erro indiscutível - disse Temperança. O motivo é que o positivismo queria abolir a Psicologia, mas ainda no século XIX, em 1879, Wilhelm Maximilian Wundt fundou o primeiro laboratório dessa ciência, em Leipzig. Desde então, a substância laboratorial da Sociologia está fundamentada no trabalho da Psicologia Social., mormente da Psicologia de Grupos. Assim, a Psicologia é mais básica que a Sociologia, e por isso está aí, entre os cinco cursos. No entanto, apesar de todos os erros, o positivismo teve um aspecto positivo, que é a ênfase na ciência, herdada de Francis Bacon e René Descartes. Graças a isso é que Benjamin Constant Botelho de Magalhães instituiu nosso currículo do colegial, constando de Matemática, Física, Química e Biologia. Não é pouca coisa.

- Na nova organização, qual é o tempo da especialização, após o bacharelado de quatro anos? - perguntou Prudência.

- Em dois anos o aluno sai como especializado e em mais um, se for aprovado em sua dissertação final, sai como mestre - disse Temperança. Se a área for Engenharia, esses três anos dão o título de engenheiro, e de mestre se houver aprovação na dissertação. Quanto à Medicina, com dois anos o aluno tem o título de Sintomatologista e os três anos dão o grau de paramédico, com possibilidade de mestrado. Só com mais um ano o aluno sai com título de cirurgião médico. Assim, um médico tem de ter passado quatro anos na graduação e mais quatro na especialização. O curso de Sintomatologista dá formação para o profissional de triagem, que também avia receitas, mas sem permissão para realizar cirurgias, a não ser como Dentista, se essa for sua escolha no currículo de especialização. Na área de engenharia, o aluno sai como engenheiro nos dois anos de especialização. Um semestre de Psicologia Geral é obrigatório para os cinco bacharelados, de modo que com a graduação não só os psicólogos, mas todos os graduados estão habilitados a lecionar no ensino básico.

$\mathcal{P}$esquisa

- Discutimos Pesquisa e Desenvolvimento quando falamos de inovação, mas não tratamos da pesquisa na universidade - disse Justiça. O que temos de fazer para que o Brasil produza mais nesse campo, e que a produção tenha visibilidade?

- Muitas medidas precisam ser tomadas - disse Temperança. E as atitudes precisam receber um choque de confiança. Uma primeira decisão é que as instituições com título de universidades têm de ser obrigadas por lei a publicar em cada início de ano, em inglês, seu anuário de pesquisas, referente ao ano anterior, com os resumos dos trabalhos dos docentes e a íntegra dos textos considerados mais relevantes. As universidades particulares não devem ser dispensadas da incumbência e, no caso delas, pelo menos 50% dos trabalhos publicados têm de ser de docentes em regime de dedicação integral, isto é, sem outro emprego, de modo a evitar que emprestem nomes de professores de universidades públicas e burlem a exigência da pesquisa própria. A lei deve prever uma sanção que seja suficiente para alterar a mentalidade comodista.

- As universidades garantem a pesquisa básica, a ciência pura - disse Prudência, - mas a pesquisa aplicada, que gera resultados práticos, precisa ser incentivada durante todo o tempo. É com resultados práticos e palpáveis, que possam ser transformados em patentes e em produtos industriais, que as universidades terão respaldo popular e apoio público para continuar a pesquisa básica, economicamente desinteressada.

- A Prude tem razão - disse Justiça. Quanto mais surgirem resultados práticos das pesquisas, mais haverá incentivo para a ciência pura, ao lado da ciência aplicada.

- Como incentivar e reforçar o cultivo do inglês entre os jovens, para que as publicações em inglês ganhem espaço? - perguntou Prudência.

- A avaliação de inglês nas escolas não deve continuar a ser centrada na gramática, sem prática de redação - disse Temperança. Ao contrário do que deve ocorrer no ensino da Língua Portuguesa, em língua estrangeira, a ênfase deve estar na fala e na redação. No colegial, o atual ensino médio, devem ser ampliados os programas de convênio, quando as famílias daqui trocam filhos com famílias de países de língua inglesa. Basta um semestre de permanência para que o adolescente se torne falante da língua do país visitado. E temos aqui na América do Sul um país de língua inglesa, que é a Guiana. O jovem não precisa ir para os Estados Unidos, a Inglaterra ou a Austrália. É importante que uma menina vá para uma família que tenha adolescente menina, não menino. Se a família daqui tem um menino para enviar, é necessário que a família de lá tenha adolescente menino, não menina. Se aqui há um casal de adolescentes na família e lá também, o menino daqui pode ser trocado pela menina de lá, por um semestre letivo. A Guiana ainda é um país pobre, mas o intercâmbio pode ajudá-la. E a experiência do adolescente num país pobre é rica. O objetivo do convênio é praticar a língua, não aprender a conviver em meio à riqueza. O que se deve buscar é que, após voltar do convênio, o jovem leia fluentemente textos de Shakespeare.

- Devemos enviar para convênio qualquer tipo de aluno? - perguntou Prudência.

- Não, porque isso pode se constituir em investimento errado - disse Temperança. Os alunos convidados para convênio são os estudiosos, os que mostram bom desempenho nas matérias escolares. A experiência em país de língua estrangeira deve ser prêmio pelo bom desempenho. A menos que a família queira fazer isso por conta própria, sem envolver o sistema escolar.

- O investimento na língua inglesa visa atingir a visibilidade - disse Justiça. Como incentivar a produção acadêmica entre os docentes?

- A competição saudável é a chave - disse Temperança. Além do crescimento na carreira pelas publicações, os docentes precisam concorrer a prêmios. Cada universidade deve instituir o prêmio "doutor do ano". Como é isso? São dois premiados por ano, um da elite técnica, outro da elite clássica. No mês de fevereiro, os que no ano anterior apresentaram tese de doutorado nas áreas de exatas e engenharia, elite técnica, concorrem entre si. No mês de março, concorrem entre si os doutores do ano anterior na elite clássica, que são as áreas de biomédicas e humanidades.

- Quem julga as teses? - perguntou Justiça.

- Os pares - respondeu Temperança. Cada doutorando da área em questão, por exemplo, exatas e engenharia, recebe todos os *abstracts* das teses de seus pares do ano em questão. Ele terá de dar notas, de 5,1 a 9,9, a cada uma das teses, pelo impacto que ele julga que o trabalho deva ter, a partir da leitura do resumo, levando em conta originalidade, profundidade e significação. Enviadas essas notas para a Pró-Reitoria de Pós-Graduação, a comissão destinada ao prêmio faz a tabulação e aponta o "doutor do ano". Se houver empate na primeira colocação, o prêmio vai para o que tem mais idade. Para não sofrer influência no julgamento, as notas que a tese obteve na banca não devem ser enviadas aos doutorandos junto com o resumo.

- Como fazer com que a indústria se interesse em lançar no mercado os produtos relativos às patentes geradas pelas pesquisas universitárias? - perguntou Prudência.

- Não temos de esperar que a indústria lance produtos que ela julgue que não serão vendáveis - disse Justiça. Os próprios universitários devem ser incentivados, e mesmo financiados, para lançar seus próprios produtos. Dois doutorandos de Stanford, Califórnia, criaram um produto promissor, o novo mecanismo de busca que eles chamaram de Google, que é o nome do número 10^{100}. Eles mesmos transformaram-se em empresários e lançaram seu produto no mercado. Deu certo e eles deixaram para trás todos os concorrentes, pelo fenômeno da "destruição criadora", de Schumpeter. Nem todo universitário deve esperar que sua criação vá se tornar um sucesso mundial, mas se conseguir um lugar garantido entre os similares, vale a luta. Algumas das grandes construtoras brasileiras surgiram de jovens que se associaram no final de suas graduações em engenharia. Outros grupos industriais foram igualmente formados a partir dos assentos universitários. E o importante é que esses empresários é que estarão abertos a apoiar e absorver pesquisas universitárias das novas gerações. Mas a burocracia precisa se livrar dos fardos, que são compostos de regras e pessoas enferrujadas. A Anvisa, agência de saúde, precisa reduzir seus prazos e suas exigências descabidas, porque do contrário os criadores de medicamentos vão continuar a registrar patentes nos Estados Unidos, deixando os "royalties" na mão dos norte-americanos.

- E como saber que o governo não está investindo em produto errado - disse Temperança, - em detrimento de outro que poderá ter boa aceitação comercial?

- O investimento deve ter duas etapas - disse Justiça. A primeira é para registro de patente e pesquisa mercadológica. A segunda etapa é que financiará o lançamento do produto em si. Não se gasta dinheiro, portanto, com produto sem perspectiva de retorno financeiro, mesmo que ele seja altamente revolucionário, a não ser em casos julgados dignos de investimento a fundo perdido, pela relevância social.

- O modelo atual de universidade no Brasil é propício ao ambiente de pesquisa e inovação? - perguntou Temperança.

- No momento sabemos que não é - disse Justiça, - mas pode ser melhorado, sem que se possa esperar demais. O que proponho é que lancemos uma nova instituição, enxuta e funcional, a Universidade Brasileira de Inovação.

- Como será esse órgão? - perguntou Prudência.

- É um câmpus, dentro do município de São Paulo, com o custo dividido meio a meio entre o Estado de São Paulo e a União – disse Justiça. Os cursos de graduação são os cinco da proposta da Tempe e cada um deles tem apenas 15 vagas, completando 75 no total, o que dará, teoricamente, 300 bacharelandos nos quatro anos. Os docentes são contratados entre os que comprovem autoria individual de pelo menos duas descobertas científicas, ou dois inventos, ou uma descoberta e um invento, podendo ser brasileiros ou estrangeiros. Os 75 ingressantes da graduação têm de inscrever-se no curso, mas têm de fazer o Enem, que enviará à nova universidade apenas o número de acertos da prova objetiva dos candidatos inscritos para o curso, em número de até seis vezes o da quantidade de vagas, o que dá 90 em cada um dos cinco cursos. Estes têm de prestar um exame de Geometria da própria universidade, envolvendo desde estudo de ângulos, do sexto ano, até geometria analítica, do último ano do ensino médio. Os 15 mais bem classificados em cada curso obtêm a vaga. O exame de Geometria é discursivo, o que equivale a uma prova de criatividade.

- E quais serão os cursos de pós-graduação? - perguntou Temperança.

- Como está em tua proposta, o número de especializações e de mestrados e doutorados deve ser maior que o de graduações - respondeu Justiça. Então podemos ter Matemática, Matemática Computacional, Meteorologia, Astrofísica, Física Geral, Física Nuclear, Química Industrial, Química Orgânica, Bioquímica, Biologia, Fisiologia, Etologia, Psicologia Clínica, Psicologia Educacional, Psicologia do Trabalho, Psicossociologia, Sociologia das Religiões, Economia, Administração, Etnologia, Arqueologia, Semiologia, Psicolinguística, Línguas, Odontologia, Engenharias e Política. Medicina entra só se for proibida a graduação nesse curso, como é nos Estados Unidos. Cada curso de pós tem entre seis e 12 vagas e o ingresso no mestrado se faz por exame nacional. O doutorado é continuação do mestrado, mas abrem-se vagas remanescentes para mestres de outras instituições, e para essas vagas também são feitos exames. Política vem em último lugar porque se constitui em Engenharia Social. A sociedade é construção humana e, desse modo, quem faz política sem considerar que trabalha com Engenharia Social não passa de aprendiz de feiticeiro, como esses indivíduos que mudam residência presidencial, impõem conceito de raça ou tentam perpetuar-se no poder.

- Será uma instituição única no gênero? - perguntou Prudência.

- Depois de estar essa de São Paulo consolidada e mostrando resultados, uma instituição irmã, e só mais uma, nos mesmos moldes, deve ser criada em outra região, dentro do princípio de competição saudável - disse Justiça. Se acordarmos e voltarmos à divisão regional pré-Golbery, ela deve ser no município do Rio. Se ainda estivermos no "deserto de homens e ideias" da divisão regional do regime militar, convém que seja em Salvador, ou Fortaleza, embora isso seja uma arma muito cara para um país que decidiu seguir no caminho errado.

- De qualquer modo, a universidade regular não pode ser levada a cumprir esse papel de abertura à inovação? - perguntou Temperança.

- Toda universidade regular que se consolida torna-se arredia à inovação, com um grau de teleologia muito baixo - respondeu Justiça. No século XV a Universidade de Paris elaborou parecer recomendando o envio de Joana D'Arc ao tribunal da Inquisição. Em tempos mais recentes, nenhuma universidade da França ou da Inglaterra absorveu Abraham De Moivre e nenhuma universidade dos Estados Unidos absorveu Charles Sanders Peirce. Se Einstein foi contratado na Universidade de Berlim, iniciando a carreira de docente universitário, foi por causa da insistência de Max Plank. Assim, na nova universidade de inovação os quadros terão entre suas incumbências o trabalho de rastrear e integrar talentos criativos, no Brasil e na vizinhança.

$\mathcal{V}$anguarda

- Tempos atrás a Ju me falou sobre um projeto de "Vila Vanguarda" - disse Temperança. Continuas a pensar no assunto, Ju?

- Sim - respondeu Justiça. A "Vila Vanguarda" é uma cidade, de 30 mil a 50 mil habitantes, escolhida para transformar-se num experimento de aglomerado urbano sustentável e moderno. Os princípios percorrem as letras do alfabeto. Estão aqui.

1 - *Árvores*. A cidade é toda arborizada (as vias são praças, avenidas ou alamedas);

2 - *Bilingue*. Toda a cidade é bilingue, português-inglês, e domina espanhol.

3 - *Chuva*. Armazena água de chuva para uso e faz jardins de chuva;

4 - *Demografia*. Tem programa de crescimento populacional zero;

5 - *Entorno*. É circundada por cinturão agrícola hortifrutigranjeiro;

6 - *Fluidez*. É atravessada por via expressa (não isolamento);

7 - *Grama*. Rios, riachos e córregos têm margens gramadas e arborizadas, nunca cimentadas;

8 - *Habitação*. Há dois tipos: residências próprias e prédios públicos para aluguel barato;

9 - *Internet*. Toda a cidade conta com wi-fi livre;

10 - *Jogging*. Tem parque central, com *Cooper* e *jogging*, lago, casa-dia do idoso e teatro grego;

11 - *Keynes*. Tem pleno emprego aos moradores, no sistema de duas jornadas, manhã-tarde;

12 - *Lixo*. Não gera lixo (recicla o inorgânico, orgânico vira adubo, mesmo com parte incinerada);

13 - *Montessori*. Na escola básica usa-se o sistema "exodidático", até o sexto ano;

14 - *Natureza*. É bela mais pelo manejo da natureza que pela arquitetura;

15 - *Obras*. Contratos com empreiteiras são rescindidos, com multa, se há falha de prazos;

16 - *Permeável*. É proibida a pavimentação impermeável, a não ser as de cimento, raras;

17 - *Qualidade.* Toda empresa adota o programa de qualidade de Deming;

18 - *Reúso.* Descarta como esgoto apenas água cinza, nunca água preta, e proíbe detergente;

19 - *Sol.* Aproveita ao máximo as energias solar - iluminação de ruas, chuveiros, etc. - e eólica;

20 - *Trem.* É servida por estação de trem urbano (trem de passageiros ou metrô);

21 - *Urbano.* Tem um centro comercial com padaria, restaurante, supermercado e outras lojas;

22 - *Vidro.* A reciclagem do vidro é feita em separado, sem misturá-lo com outros inorgânicos.

23 - *Washing.* Os moradores, desde as crianças, são educados no sistema *house-keeping;*

24 - Xadrez. O policiamento é só o da PM, com *taser,* sem guarda municipal.

25 - *Yield.* Empresas municipais de serviço são duplas em cada área (concorrência).

26 - *Zoom.* As vias públicas são todas equipadas com câmeras de segurança.

- Desaparecerá o aluguel de particular para particular? - perguntou Prudência.

- O aluguel para moradia desaparecerá quase completamente - disse Justiça. Se alguém quer oferecer para locação uma residência de alto padrão, isso não deverá ser proibido. Quanto ao aluguel comercial, este continuará existindo normalmente. Deves ter notado que vários pontos estão entre os que propomos para todo o país. Não há problema. Na Vila Vanguarda, esses pontos são reforçados.

- Como funciona o sistema exodidático? - perguntou Temperança.

- No sistema exodidático, ou montessoriano radical, o professor trabalha na escola - disse Justiça, - atribuindo tarefas e corrigindo trabalhos e exames, mas em sala de aula com as crianças entram apenas inspetores de alunos, gestores, animadores musicais e instrutores de desenho, que não podem ser professores, sendo as avaliações aplicadas pelos inspetores e gestores. Com remuneração maior que a dos inspetores, os animadores musicais - violonistas, clarinetistas ou tecladistas - e os instrutores de desenho entram 30min por dia, cada um, em cada sala, e desde o primeiro ano se encarregam de ensinar cantigas alfabetizantes, canções tradicionais, nacionais e em língua estrangeira, e desenhos variados, tanto à mão livre quanto com régua e compasso. A grade curricular pode ser essa que a Tempe apresentou há pouco.

- A cidade não gera lixo, disse Temperança. Como é possível

processar todo o lixo orgânico?

- O lixo orgânico da cozinha, que deve ser rigorosamente separado dos resíduos sólidos inorgânicos, sob pena de multa desestimuladora, encaminha-se para uma usina que o transforma em adubo. O lixo da toalete é incinerado. Não apenas o papel higiênico usado, mas também as fezes. As sentinas devem ser aparelhos de incineração, baseados em microondas. A urina desce com a água na descarga, como se faz desde o século XIX, mas as fezes caem em compartimento apropriado do aparelho, sendo em seguida incineradas mediante um apertar de botão. As cinzas juntam-se ao pó da varredura e ao lixo orgânico da cozinha no momento do envio à usina de adubo.

- A ideia é replicar depois em outras áreas do país o modelo dessa cidade? - perguntou Prudência.

- Certamente, disse Justiça. Cria-se a primeira nas imediações da capital do Estado de São Paulo, por exemplo. Quando ela estiver em funcionamento, sanados os problemas, instala-se uma em Minas, outra no Rio, e assim por diante.

- Ju, qual deve ser o caminho para nos livrar da brutal desigualdade de renda, que se acentuou aqui desde 1973, no fim do Milagre Brasileiro, e que ganhou o nome de "brasilização"? – perguntou Temperança.

- Depois de consolidada a ação do Estado, isto é, a ação política, garantindo o estabelecimento do regime de pleno emprego, o caminho para o fim da brasilização deve seguir duas trilhas, disse Justiça. A primeira é a eliminação completa do ensino fundamental pago. A segunda, o uso da competição saudável entre os Estados-membros, e mais à frente entre as superintendências - desde que desmanchado o Sudeste -, com a formação de mecanismos de melhoria da renda dos cidadãos. Em cada ano, o Estado que, sem derrubar o PIB, apresentar melhor desempenho no crescimento da renda modal das famílias, aferido pela PNAD (Pesquisa Nacional de Amostra Domiciliar), recebe prêmio da União, indo outro prêmio para o Estado que mais aumentar o IDH. E cada Estado deve premiar seu município de maior desempenho.

- De tudo o que nós abordamos e propusemos aqui, o que é prioritário de fato? - perguntou Prudência.

- O central é a abolição do Efeito Weimar, com a instalação da residência presidencial no Rio, e também a revogação da Divisão Regional de Golbery - respondeu Justiça. Isso é o mais urgente, a aplicação do "Efeito Bonn". Brasília cresceu, montou uma universidade federal importante, mas compromete a economia da América do Sul mantendo lá a residência presidencial. Se o Brasil insistir nesse arranjo físico temerário, ele começará a funcionar bem somente a partir de 2080, e até lá ninguém poderá evitar os muitos desastres políticos, econômicos e possivelmente até bélicos que virão. Os brasileiros têm sorte por viverem em outros tempos, porque quando Brasília completou 64 anos, em 2014, o país iniciava uma crise econômica profunda, mas Washington-DC, na mesma idade, via-se mergulhada na Guerra de Secessão, a maior guerra civil na história do Novo Mundo. Depois da restauração da residência presidencial e da divisão regional, deve vir o terceiro ponto, também de muita urgência, que é a correção da Lei de Licitações, incorporando os dez itens que propuseste.

- E quanto ao restante de nossas discussões? – retornou Prudência.

- Quanto às outras propostas - disse Justiça, - elas podem ser adotadas em um ano, em dez, em vinte ou até mais. O pleno emprego keynesiano pode ser implementado por Estados, um por vez, e até por cidades. Um fato científico, como a Terceira Lei de Newton, não divide a sociedade entre direitistas e esquerdistas, mas entre quem aprendeu o conceito e quem ainda não o absorveu, o que ocorre com as constatações de Keynes, que morreu convicto de que Hayek não entendeu sua descoberta relativa à excepcionalidade do equilíbrio no sistema da "mão invisível", o que significa ter necessariamente o desemprego como regra. Era a antiga Lei de Say, pré-1929, contra a macroeconomia keynesiana. É a "destruição criadora", identificada por Joseph Schumpeter, que impede o advento da "sociedade estacionária" de Stuart Mill. Antes de essa sociedade chegar, se é que chegará um dia, temos de adotar a política do pleno emprego, para que a corda não continue a quebrar sempre do lado mais fraco. Se alguém tivesse perguntado a um filósofo matemático do século XVIII que situação seria mais revolucionária e utópica entre haver previdência pública para todos os idosos e, também com apoio do Estado, haver emprego para todos os trabalhadores, certamente ele diria que a solução mais distante e utópica seria a da previdência universalizada. Assim, a conquista é circunscrita a uma questão política. A tese de Keynes, com efeito, não foi refutada nunca, mas apenas negada com argumentos políticos falaciosos. Portanto, aos professores cabe empenho na arte de ensinar. E o preconceito contra o trabalho manual e o artesanato precisa ser combatido desde já, com medidas práticas, assim como a Cultura do Horror ao Mérito, substituída no país pela tradição do apadrinhamento, o chamado QI, de "Quem Indica", mecanismo para disfarçar e esconder o preconceito de cor. O importante é que estivemos aqui analisando o país e apresentando caminhos, muitos deles imprescindíveis.

- Há mais uma providência que precisa ser tomada – disse Temperança. Uma vez abolido o Efeito Weimar, é necessário escapar dos grilhões da inflação inercial de uma vez por todas. Essa inflação inercial, identificada por Mário Henrique Simonsen, não foi extinta no plano de estabilização do Presidente Itamar Franco, de 1994, mas apenas passou a funcionar com valores mais modestos. Para afastá-la, será necessário estabelecer que o prazo mínimo de reajuste de tarifas e de salários do setor público e de concessionários, enquanto eles existirem, deve ser de 30 meses, isto é, nenhum preço ou salário pode ser reajustado para cima antes que se completem dois anos e meio do último reajuste. Obviamente, o valor será reajustado apenas se o custo de menu, ou custo de etiquetagem, não for superior ao ganho obtido com a alteração. Esse prazo significa meio quinquênio, que é, coincidentemente, o tamanho de um mandato do presidente da União Europeia.

Desligado o aparelho de gravação, as três amigas tomaram um chá e Justiça saiu com Prudência, despedindo-se de Temperança, que prometeu transformar toda a discussão em um texto. Disse que pediria a um amigo, muito rápido na digitação, para fazer isso.

Já à porta, ouviram e viram muitos fogos de artifício, foguetes explodindo e grande gritaria. Prudência arriscou: "Caiu o ministério". Justiça explicou: "Não, Prude, o ministro-chefe não caiu, é o final do jogo do Santos, que ganhou a partida. Quando estivermos vivendo novamente em regime de gabinete, e o Premier cair, dificilmente alguém soltará fogos, porque a política fora do populismo presidencial passa a ter outro caráter, sem salvadores da pátria e sem pais dos pobres. E neste caso o chefe de Estado é defenestrado apenas mediante ordem judicial, por ter cometido crime comum indesculpável, uma possibilidade raríssima. A política passa a ser algo profissional, no sentido da técnica. Nada parecido com jogo San-São, de santistas contra são-paulinos."

APÊNDICE - Resumo das propostas

A) conomia

Emprego. Pleno emprego aos sadios, benefícios aos inválidos.
Turnos. Cada vaga de emprego torna-se duas: antes das 13h, e após as 13h.
Dispensa. Fim da exoneração, substituída pela realocação.
Caça-braços. São contratadas pessoas para procurar desempregados.
Domingos. Proibição do comércio regular após as 13h.
Casais. Coabitação permite-se a maiores de 28 anos, contra a superpopulação.
Ações. Empregado ganhando acima do mínimo tenha ações da firma, por lei.
Direitos. Patrões devem informar empregados sobre direitos trabalhistas.
Sindicatos. Presidência de dois anos, sem recondução (contra a aristocracia).
Menor. Horário só de 5h por dia para o menor trabalhador, de 14 a 18 anos.
Licitações. Correção da Lei de Licitações, sem brechas aos corruptos.
Técnica. A ABNT deve eliminar normas frouxas, piores que as internacionais.
Legislador. Parlamentares passam a legislar contra os mal-intencionados.
Prazo. Não entregar produto ou serviço no prazo gera rescisão automática.
Grandes. Grandes contratos são fracionados, contra os oligopólios.
Consórcio. Veta-se consórcio de empresas em concorrência pública.
Perdedoras. Ganhadoras ficam proibidas de subcontratar perdedoras.
Judicialização. Derrubar ganhadora implica excluir-se das rodadas seguintes.
Veto. Empresa que não cumprir prazo veta-se em concorrências por 5 anos.
Inauguração. Proíbe-se governante de inaugurar conjunto habitacional.
Habitação. Desconta-se 1/1000 de salário mínimo do pagador previdenciário.
Hipoteca. Em fase de hipoteca, desconta-se o valor contratado.
Aluguel. Imóveis públicos ou em litígio alugam-se às famílias, por 5 anos.
Módulos. Moradias populares fazem-se a partir de módulos, industrializados.
Previdência. Caixa do INSS paga apenas aos contribuintes.
Referência. Exonera-se quem se aposentar antes dos 60, ou o patrão paga.
Bônus. Quem se aposenta mais tarde, recebe um prêmio (30% do recolhido).
Concessões. Só limpeza e carceragem são serviços cedíveis a privados.
Cooperativas. De serviços, só limpeza e carceragem; o restante, de produção.
Carceragem. É cuidada por cooperativas de entidades religiosas.
Chefia. Chefia de cooperativa tem de estar na mão do cooperado.
Estradas. Empresas são contratadas para manutenção, não para pedágios.
Único. O governo deve fugir do imposto único, anti-federativo.
Alíquota. A taxa do Imposto de Renda deveria ser de 20%, para todos.
Imunidade. Proíbem-se isenções de impostos, mantendo-se imunidades.
Estados. Alíquota de ICMS deve ser unificada entre Estados, com urgência.
Contribuições. Contribuições de melhoria sejam usadas, mas não a CPMF.
Heranças. Pode-se aumentar imposto sobre heranças, até um limite razoável.
Fundo. Fundo de Ação contra a Pobreza passa a financiar o pleno emprego.

Unidades. Cada UF cria seu Fundo de Ação pelo Pleno Emprego.
Substituição. Deve-se retomar a política de substituição de importações.
Industrialização. As frentes são: campanha, qualidade e investimento.
Qualidade. Ministério da Indústria passa a exigir programas de qualidade.
Base. As crianças do sexto ano dominem geometria, frações e gramática.
Total. Qualidade Total não é para vender livros, canções ou candidatos.
Governo. A gestão pública, como exemplo, adota programas de qualidade.
Fiscal. Política fiscal deve ser resiliente, não em princípios, mas em números.
Microcrédito. Banco de microcrédito inicia-se como firma de economia mista.
Taxa. Microcrédito cobre taxa menor das mulheres, por ser menor o risco.
Burocracia. Instala-se um órgão no governo para a simplificação burocrática.
Carimbos. Os processos burocráticos devem ser bem explicados ao usuário.
Limite. Máximo de 1000 ha rurais em aquisições, por compra ou herança.
Arrendamento. Empresários que precisam de mais de 1000 ha, arrendam.
Proteção. Governo protege agricultor, com compra de estoque, crédito, etc.
Hipoteca. Pequenos lavradores adquirem terra através de hipoteca.
Negócios. Poder público deve ajudar a formar e manter cooperativas rurais.
Assentamentos. Pré-assentados são alocados; encerra-se inscrição no sistema.
Índios. Devem ser considerados índios de tutela os que falam a língua.
Seca. Estabelece-se plano de construção de açudes em toda a área de seca.
Gastos. Governo deve trabalhar sem deficit fiscal, exceto em caso de desastre.
Fantasma. Governo deve livrar-se de toda despesa "fantasma".
Redução. Governo instala programa permanente de redução de desperdícios.
Participação. Convocam-se munícipes para o "pré-orçamento participativo".
"Impositivo". Executivo envia orçamento com 100% das despesas alocadas.
Plano. O plano plurianual deve ser quadrienal, em mandatos de quatro anos.
Longo. O plano estratégico de longo prazo deve abranger período de 20 anos.
Petróleo. Petrobras deve agir na perspectiva do fim eminente do petróleo.
Diversos. Petrobras deve criar setores de energia solar, eólica, etc.
Usina. Enquanto não vier usina a fusão, deve-se investir em hidrelétrica.
Verão. Deve-se condenar veementemente o perdulário "horário de verão".
Moeda. O papel-moeda serve aos bandidos e deve desaparecer.
Metal. Mantém-se moeda metálica, mas para educação financeira das crianças.
Inflação. Nunca se permita inflação anual acima do nível crítico de 12,6%.
Política. BC responde por juro, inflação, câmbio, crédito e liquidez.
Pressão. Sob pressão de preços, controlam-se crédito, liquidez e câmbio.
Inovação. A Lei do Bem deve estar restrita a empresas com sede no Brasil.
Medidas. Barateamento de patentes, feiras, promoção do invento nacional.
Tecnologia. Investir mais em ensino voltado a ciência e tecnologia.
Utilidade. Patente de modelo de utilidade deve sair em menos de um mês.
Crescimento: Democracia, moeda estável, inovação, qualidade, competição.
Consolidação. Ensino de ciência, apoio à pequena empresa e pleno emprego.
Poder. Responsabilidade por pleno emprego é do sistema, não do patrão.
Estabilidade. Pleno emprego não é estabilidade no posto, mas no sistema.
Produto. Renda nacional Y, que é C+I+G+X, deve ter parcelas equilibradas.
Investimento. O investimento tem de visar produto industrializado elaborado.
Gargalos. Fazer mais vias férreas e aquáticas, canais, linhas de transmissão.

Melhorias. Melhorar educação, Lei de Licitações, burocracia, investimento.
Mérito. Combater duramente o Horror à Cultura do Mérito.
Coletivos. Incentivar competição econômica entre grupos (sem MEI).

B) $\mathcal{P}$olítica

Voto. Para o eleitor, mantenha-se secreto, proporcional e obrigatório.
Parlamentar. No Parlamento, voto aberto em projetos, secreto em pessoas.
Turno. Eleição deve ser em um turno, 1º domingo de outubro dos anos pares.
Diretas. A eleição direta é para o "cônsul da cultura", de 18 a 25 anos.
Cônsul. Cada partido indica um par (H-M) de candidatos a cônsul da cultura.
Exterior. Cônsul da cultura trabalha no Ministério, nos 4 anos de mandato.
Abrangência. Tem vaga na Câmara sigla que faz deputados em 3 ou mais UFs.
Fundo. Fundo partidário distribui-se em proporção ao número de deputados.
TV. Tempo de TV também segue proporção, com um mínimo aos nanicos.
Nome. Proíbe-se partido com nome religioso ou referente a condição física.
Direção. Presidência de partido tenha duração de dois anos, sem reeleição.
Janela. Transferência para partido novo, só em caso de fusão de seu partido.
Época. Janela só no mês de março dos anos pares não bissextos.
Representação. São Paulo, sub-representado, tenha ao menos 95 deputados.
Mínimo. As UFs pouco populosas devem ter 5 deputados cada.
Exames. Candidato novo faz exame de Língua e Matemática, em três níveis.
Ingresso. Todo novo trabalhador de CLT também passa por esse exame.
Áreas. Voto proporcional pode ser feito por áreas menores: departamentos.
Senador. Senador deve ser o deputado mais idoso da bancada vencedora.
Revogatórios. Deputados devem ser premiados por projetos revogatórios.
Numerário. Salário dos parlamentares segue o reajuste do funcionalismo.
Minuto. "Minuto do Congresso", no horário nobre da TV, sem ressarcimento.
Imitações. A lei veda imitações do "Minuto" por outros poderes ou instâncias.
Comissões. Cada comissão do Congresso tem no máximo sete parlamentares.
Barganha. Membro da CCJ fica sem apresentar projetos, evitando barganha.
Ganhos. Parlamentares devem ter boa remuneração, para evitar tentações.
Decoro. A cassação por decoro parlamentar deve ser abolida.
Limite. Na mesma Casa, o parlamentar pode ficar até 16 anos seguidos.
Supremo. Comissão Especial de Emergência, de 7 membros, antecipa o STF.
Nulidade. Parlamentar fica proibido de acionar o STF contra o Legislativo.
Sete. O número de ministros do STF deve ser 7.
Mulher. Câmara Municipal tenha 50% de mulheres mais uma (não é cota).
Mesa. Na vereança, presidente mulher sucede homem e vice-versa.
Duplo. Para vereador, vota-se em homem e mulher, do mesmo partido.
Supra. Para estaduais e federais, vota-se em dois nomes quaisquer.
Quarentena. Presidente de partido não pode ser Premier - só após 4 anos.
Fiador. Presidente do partido é o fiador do indicado para o cargo de Premier.
Locutores. Quarentena aos de TV: 4/2 anos para Executivo/Legislativo.
Qualificação. Premier seja o nome mais qualificado; pode não ser deputado.
Dez. Número máximo de ministérios é 10 - secretarias subordinam-se a eles.

Pastas: Faz., Ind., Civil, Transp., R. Ext., Educ., Just., Agric., Defesa, Saúde.
Agências. Como as secretarias, as agências são todas partes de ministérios.
Vices. Entre os ministros, um é primeiro vice-premier, outro é segundo.
Residências. Presidente e Premier são proibidos de residir em casa particular.
Formação. Ministros devem ter curso superior ou de ensino médio técnico.
Elite. Metade dos ministros é Elite Técnica e outra metade, Elite Clássica.
Física. Currículo de Economia deve ter Física Geral e Experimental.
Indicação. Partido que indica Premier é o que têm mais cadeiras na Câmara.
Segundo. Além do vencedor, só mais um partido tenha chefia de ministério.
Empate. Em empate, ganha quem tem mais federais na UF mais populosa.
Liminar. Liminar contra o governo federal só vale se assinada por dois juízes.
Junta. Eleito à presidência deve passar por junta médica antes da posse.
Parada. Paralisação de servidor público seja considerada locaute, não greve.
Vetados. Os locautes de servidores devem ser vetados.
Removível. Funcionário que não cumpre atribuições deve ser remanejado.
Impedimento. Chefe de Estado é deposto só por crime comum.
Dissolução. No Semiparlamentarismo não há dissolução do Parlamento.
Porta-voz. O Premier é o porta-voz da presidência da República.
Recondução. Presidente não, mas Premier pode ficar 8 anos no posto.
Experiência. O Premier deve ter governado, antes, município ou UF.
Consulta. Consulta popular seja sobre Premier, não sobre parlamentarismo.
Zelador. Institui-se o cargo de Zelador do Patrimônio Público (ZPP).
Proteção. Aprova-se a Lei de Proteção ao Patrimônio Público.
Cuidados. O ZPP protege os bens contra incêndios, ocupações, cupins, etc.
Estaduais. Há também zeladores estaduais; na cidade, o secretário de governo.
Voluntário. Proíbem-se voluntários cumprindo tarefas de funcionários.
Denúncia. Todo brasileiro pode ser incriminado por negligenciar a LPPP.
Menores. Se menor de idade fere a LPPP, os pais respondem por ele.
Adolescente. Polícia cuidará do jovem infrator só em última instância.
Regulamentação. Deve-se com urgência regulamentar o trabalho do menor.
Narcóticos. Deve-se manter proibido o comércio a usuário, não para governo.
Vícios. O Estado não deve sustentar vícios, mas buscar curar os drogados.
Guardas. Guardas municipais devem tornar-se bombeiros, assistentes, vigias.
Armados. Revoga-se permissão de uso de armas por guardas municipais.
Alarmismo. Programas de notícias policiais em rádio e TV só depois das 23h.
Abate. A "Lei do Abate" nas fronteiras deve ser revogada.
Polícia. Ensine-se às crianças que provocar a polícia não é fazer política.
Propaganda. Na TV abole-se propaganda de escolas particulares e religiões.
Doutrina. Alertem-se jovens de que liberar sexo e drogas não é progressismo.
Regional. A divisão regional de Golbery (1970) é revogada, valendo a de 1913.
Progresso. Fortaleçam-se Sudene, Sudam, Sudeco, Sudessul e Sudeleste.
Capitais. São capitais regionais Fortaleza, Manaus, Brasília, S. Paulo e Rio.
Honorários. Presidentes são os governadores de CE, AM, DF, SP e RJ.
Secretário. Governadores e presidente escolhem o secretário regional.
Estatais. Estatais de uma região concorrem com similares de outras.
Esporte. Formam-se cinco seleções de futebol e cinco delegações olímpicas.
Nobel. Indicam-se cinco concorrentes ao Nobel, e também a Hollywood.

Confederação. Na UnaSul, haverá cinco presidências brasileiras.
Idoso. O presidente indicado é o governador mais idoso da Superintendência.
Capital. A capital fica em Quito, mas a residência presidencial, no Rio.
ONU. Para representação na ONU, o Brasil deve continuar um só.
Outro. A UnaSul não deve permitir que outro país se divida como o Brasil.

C) Educação

Saudável. O ensino da competição saudável não deve esperar a idade adulta.
Troca. Planeja-se a escola para que a criança substitua a competição bruta.
Tripé. Disputa saudável deve abranger Disciplina, Competição e Mobilidade.
Vazio. Deve-se combater quem queira trocar a competição pelo vazio.
Importante. Após ler e contar, deve-se aprender Geometria.
Frações. Após leitura, contas e Geometria, deve vir ensino de frações.
Consulta. Até o quarto ano, a criança deve consultar tabuada nas provas.
Currículo. O que importa não é o currículo, mas o programa dos exames.
Programas. Precisam ser separados por séries.
Último. Nos exames gerais, 60% das questões devem ser do último ano.
Simples. Capítulo de juros simples deve ser proibido no fundamental.
Notas. Nota dos exames gerais, de 0 a 10, deve fazer parte do histórico.
Ingresso. Mesmo com vagas sobrando, deve haver exame de ingresso.
Brasil. Prova Brasil deve ser para 1º, 3º, 6º e 9º anos.
Modalidades. Exame ao 7º ano e ao colegial é para escolher profissão.
Múltipla. Exame de múltipla escolha, de 5 opções, deve ser abandonado.
Preencher. Nas questões de opções, deve-se montar perguntas de preencher.
Redação. Deve-se abandonar a mística da prova de redação.
Discursiva. No Enem, a redação seja resposta a quatro perguntas temáticas.
Estrangeira. Espanhol deve ser descartado como idioma estrangeiro.
Texto. Proíbam-se em exames gerais questões de interpretação de texto.
Gramática. Olimpíada de Língua troca-se por Olimpíada de Gramática.
Conselho. Conselho de classes deve ocorrer só no último mês do ano.
Adultos. O EJA deve ser à distância, com exames presenciais.
Alta. Aos seis anos, o aluno deve ser avaliado com Leitura em Voz Alta.
Medicina. Exames gerais para médicos devem ter parte prática.
Provas. Provas bimestrais devem ser aplicadas com muita seriedade.
Honestidade. Alunos honestos nas avaliações devem ser premiados.
Consultadas. Provas com consultas só funcionam quando de surpresa.
Amigáveis. Apostilas de Português e Matemática devem ser amigáveis.
Retidos. Reprovar aluno na série, só por imaturidade gritante.
Pendência. Quem não tem nota de Português e Matemática, cursa pendência.
Automático. Primeira retenção deve ser só no 3º ano, sob 12 bimestres.
Desempenho. Fuja-se da Avaliação de Desempenho Profissional individual.
Prêmio. O prêmio por desempenho deve ser da equipe escolar.
Frequência. O bônus-frequência para professores deve ser usado.
Pré. Berçário, creche e jardim são da Puericultura, área da Saúde.

Grade. De 6-11: Arit, Geom, Por, His, Geog, Cien, Ingl, Mus, Des, Ética.

Ética. Ensina trânsito, leis, política, deveres, garantias e urbanidade.

Combate. Com Ética reforçam-se qualidades e combatem-se defeitos.

Ginasial. Mat, Geom, Por, His, Geog, B-Q-Fis, Ingl, Mus, Gin, Rel-Trab.

Trabalho. Marcen, alfaiat, graf, serralh, comércio, hort, eletr e digit.

Escolha. Cada escola escolhe suas modalidades, com digitação para todas.

Empreender. Trabalhos Manuais deve ensinar empreendedorismo.

Religiões. História das religiões, laica, é dada no 7º ano.

Ciências. Biologia, Química e Física ficam nos anos 7º, 8º e 9º.

Estrangeira. Inglês, mas no 9º ano, espanhol; futuramente, francês.

Grafias. Escritas lusa e brasileira devem conviver: adotar ou adoptar.

Música. Dada por docente que saiba tocar instrumento de corda ou sopro.

Pagos. Novas escolas básicas pagas sejam vetadas, via Constituição.

Técnicos. Colegial pago, só o que oferecer módulo técnico.

Colegial. Mat, Por, His, Fis, Qui, Bio, Ingl, Gin, T-Psi, T-Oper.

Latim. No 2º ano Português torna-se Latim, base da língua pátria.

Psicossocial. História da Filosofia, Psicologia e Sociologia-Política.

Operacional. Economia Contábil, Programação e Orientação Profissional.

Orientação. Dez modalidades profissionais: cada colégio escolhe a sua.

Direita. Fuja-se da "escola da mão direita", que não usa a mão esquerda.

Decorado. Não se deve desprezar o valor do aprendizado decorado.

Dedução. Deve-se respeitar a maioria, que não é "heurística", não deduz.

Heurísticos. Alunos rápidos devem ter tarefa extra dentro do tópico.

Duplas. Trabalhos, não provas, sejam em dupla, com entrega individual.

Separação. Separar turmas de fracos e fortes deve ser proibido.

Distintas. Escolas de níveis diferentes não devem ser coibidas.

Procura. Demanda por formações profissionais devem diferenciar escolas.

Premiação. Abram-se vagas concorridas para os alunos disputarem.

Potencial. Não se permita o desperdício de capacidades.

Gênios. Leve-se em conta que desafio e disputa despertam o gênio.

Olimpíadas. Promovam-se olimpíadas entre os estudantes.

Livros. Proíba-se doação de livros e materiais diretamente a menores.

Materiais. Pais necessitados devem receber tíquetes, para lojas.

Comuns. Livros de escolas oficiais e privadas devem ser os mesmos.

Medicalização. Para ausências, valha a palavra dos pais, não do médico.

Cerebrais. Ritalina e congêneres devem ser evitados ao máximo.

Integral. Impeça-se que a criança tenha aulas "normais" o dia todo.

Atividade. Um turno deve ser de aula, outro de atividade, sem docentes.

Escritas. Instrutor de atividades fica proibido de aplicar provas.

Graduações. Jornalismo, Direito e vários outros cursos vão para pós.

Diretor. Para ser diretor, exija-se aprovação em exame, não Pedagogia.

Período. Na mesma unidade, diretor fica quatro anos, oito no máximo.

Psicólogos. Pedagogia substitui-se por Psicologia Educacional.

Superior. Só cinco: Matemática, Física, Biologia, Psicologia, Produção.

Diversificação. Todas as outras modalidades vão para pós.

Psicologia. Um semestre de Psicologia é obrigatório nos cinco cursos.

Nomes. Revoga-se a lei que proíbe duplicação de curso no município.

Tempo. São quatro anos para bacharelado e mais dois de especialização.
Mestre. Para o mestrado, mais um ano após os dois de especialização.
Medicinal. Nos dois anos de especialização, sai-se Sintomatologista.
Paramédico. No terceiro ano de Sintomatologia, mestre como paramédico.
Médico. No quarto ano pós-bacharelado, forma-se cirurgião médico.
Engenharia. São os dois anos de especialização na área afim.
Anuário. Universidades obriguem-se a publicar "research yearbook".
Básica. Pesquisa aplicada deve ter resultados, para garantir a básica.
Convênios. Incentivem-se trocas de colegiais com países anglófonos.
Estudiosos. Garanta-se convênio no exterior para alunos estudiosos.
Doutor. Cada universidade tenha o prêmio "doutor do ano".
Pares. As teses, técnicas e clássicas, sejam julgadas pelos pares.
Produtos. Universitários sejam financiados para lançar seus produtos.
Anvisa. A agência deve reduzir prazos e exigências descabidas.
Etapa. Primeira etapa do financiamento é para pesquisa mercadológica.
Inovadora. Cria-se a primeira universidade de inovação.
Vanguarda. "Vila Vanguarda" seja uma cidade-modelo sustentável.
Locação. Aluguel particular, só para alto padrão, ou para comércio.
Exodidático. Professor trabalha na escola, sem entrar em aula.
Sala. Na sala de aula, inspetores e instrutores de Música e Desenho.
Resíduos. Lixo orgânico encaminhe-se para usina de adubos.
Toalete. O lixo do toalete seja incinerado e juntado ao orgânico.
Reprodução. Replique-se depois a "Vila Vanguarda" pelo país.
Central. O plano número um seja trocar Efeito Weimar por Efeito Bonn.
Divisão. Segundo plano, revogar divisão regional de Golbery.
Ascensão. Deve-se trocar logo o "Quem Indica" pela competência.
Reajustes. Sob Efeito Bonn, período mínimo de 30 meses entre um e outro.

Posfácio do autor

Desde cedo, algo que me tem intrigado é a capacidade que a grande maioria das pessoas tem de enxergar na desgraça iminente uma bênção, para, logo que a tragédia se anuncie, sofrer com o tombo e também com o espanto, quando não com a decepção.

Foi em 1965 que tomei conhecimento da divisão regional que o general Golbery tinha proposto em livro de 1960, com Sergipe e Bahia transladados para o Nordeste e São Paulo acoplado a Rio, Minas e Espírito Santo, num arranjo agressivo que veio a se chamar Região Sudeste. São Paulo era a liderança da Região Sul, obviamente, e isso não agradava olhos bélicos. Frente a essa divisão regional, que foi oficializada em 1970, passei a sentir pela Geografia do Brasil a repulsa que Hindenburg sentia por Hitler em 1932. Mas a quase totalidade dos brasileiros via aquela divisão regional como um mero desenho.

Em novembro de 1973 atingiu minha mente um segundo petardo, que a distanciaria dos anseios de praticamente todos os meus colegas de discussões políticas. No apagar das luzes do governo do general Médici, mestre do populismo futebolístico e das frases de efeito, como a que nos pedia para prezar ou deixar o país, eis que o Estado Maior apresentou ao Congresso o candidato Ernesto Geisel, general luterano de índole avessa a toda forma de demagogia. Dom Pedro I comia feijão com as mãos, sem garfo e sem colher, junto a homens de São Paulo que seriam recrutados para guerrear contra a Argentina. Jânio Quadros, para ganhar votos, aparecia com caspas na Vila Maria, para se mostrar homem popular. O país vinha de longa tradição demagógica. Com a volta da eleição presidencial direta que todos os jovens queríamos, e eu também queria até o mês anterior, teríamos a cristalização do sistema mexicano, garantidor da mediocridade cultural e econômica no longo prazo. Seríamos mais uma "República de Tutela", sempre vítima de um novo "pai-dos-pobres" (o populismo infantilizador ocorre em qualquer modelo político, mas no sistema direto proposto por Rousseau ele é endêmico e inevitável). Desde aquele ano passei a defender que o Brasil só seria democrático se substituíssemos o regime militar por um sistema civil com eleição quadrienal do chefe de Estado pelo Congresso Nacional, delegando, certamente, a chefia de governo a um premier. Preguei no deserto essas décadas todas.

O abismo da capital nova eu enxerguei em 1975, estudando e trabalhando na USP, após ter sido expulso da Unicamp em 1973 por ajudar a organizar protesto pela morte do aluno uspiano Alexandre Vannuchi Leme, que dirigiu consulta que rechaçou o ensino pago na universidade pública, mas recebeu a acusação infame de ter furtado um mimeógrafo. O início da construção de Brasília e a inauguração em 1960 indicavam claramente que a demagogia estava indo longe demais, e eu via ali um erro grave que não sabia ainda qual era. Como veio a ocorrer com a luta pelas "diretas", que parecia coisa avançada, e arregimentava em grandes levas as hostes do jovem idealismo brasileiro, também a transferência da capital para Brasília teve a oposição apenas de alas conservadoras. Sem enxergar o veneno no fundo do copo, elas reclamavam dos gastos volumosos (como fizeram na África em 2008 contra a Novacap do Zimbábue). Mas os gastos em obra são elogiáveis, quando eles são compensados, mesmo que com um "payoff time" de uma década. No caso de Brasília, como nos tristes casos de Abuja (Nigéria), Naipidó (Birmânia-Miamar) e Borrowdale Brook (Zimbábue), serão doze décadas, mas não só de trabalho e impostos para saldar a dívida pública, e sim de sofrimento terrível da população para conviver com juros monstruosos ou, alternativamente, ausência de crédito. A relação custo-benefício é totalmente insana. Em dado dia o pão recebe autorização para dobrar de preço, como em Versalhes na data de 13 de julho de 1789, e a massa explode na manhã seguinte ao ver o cartaz do novo valor na frente das padarias. Guerrilhas, como no tempo do imperador romano Rômulo Augústulo instalado no interior da Itália (em Ravena, ano 476), invasões bárbaras, intervenções militares, eleição de aventureiros pretensamente milagrosos, tudo isso é resultado do Efeito Weimar, provocado pelo Efeito Ravena.

E o Efeito Weimar, do Prof. Phillip David Cagan – empobrecimento da população devido à alta inflação durante anos -, apresenta, no longo prazo, agora sabemos, um resultado ainda mais lastimável, que é a "brasilização" (André Gorz), a enorme disparidade de renda entre os grupos sociais. Isso vem do fato de que categorias profissionais com menor poder de pressão perdem terreno, ao longo das décadas, para aquelas que têm instrumentos para negociar ou têm conhecimento de mecanismos para preservar seus ganhos. Há também evidências empíricas de que, se a taxa básica de juros é usada como âncora para segurar a inflação, que tem nível crítico em 12,6% ao ano, essa taxa não pode ser estabelecida num valor abaixo desse índice, sob pena de ativar-se uma explosão inflacionária. Por causa disso é que o dispositivo da Constituição de 1988 limitando o juro em 12% foi excluído do texto, para vergonha dos parlamentares que o tinham aprovado. A lição a guardarmos é que o pleno emprego resolve o primeiro maior problema econômico, mas o segundo problema, a brasilização, só se esvai com o fim do Efeito Weimar.

Só em 1993 foi que pude vislumbrar o Efeito Bonn. Sem usar este termo na época, publiquei em setembro daquele ano o livro "Dez Caminhos para Abolir a Inflação", que escrevi em julho, viajando pelo

Estado do então Presidente Itamar Franco, Minas Gerais. Eu tinha percebido nesse tempo que a capital não é desastrosa por ser cidade nova (Versalhes), mas por ser cidade sem status secular de sede (Weimar). E a ideia central é que apenas a residência do chefe de Estado representa a segurança do país (Berlim), não importando onde se instale o governo (Bonn). Nele faltava apenas um pequeno detalhe, que se esclareceu em 2011: entre várias capitais com status secular a se escolher numa nova união, deve ser adotada a principal, não em tamanho populacional, mas em peso político e em significado histórico e cultural. E foi visto também, como está no livro "The Brussels Crisis", que o determinante não é a residência oficial do chefe de Estado, mas o lugar onde ele de fato pernoita, o que se configurou na trajetória do Imperador Francisco José I, com sua amante fora de Viena. Se o Imperador Nicolau II da Rússia soubesse, não teria tomado as dores dos sérvios contra Viena em 1914, provocando a I Guerra Mundial, pois a recrudescente inflação de Francisco José se encarregaria de derrubá-lo.

No meio do ano de 2012 comentei com alunos e com colegas que a temerária redução programada dos juros pelo governo federal e pelo Banco Central representava um risco imenso para o governo. Isso não era visível para quem acreditava que o país já estava curado. Se eu tivesse alertado Brasília, teria perdido tempo. O que o *mainstream* ainda não incorporou, para eles não tem valor.

O BRASIL PRÉ-GOLBERY

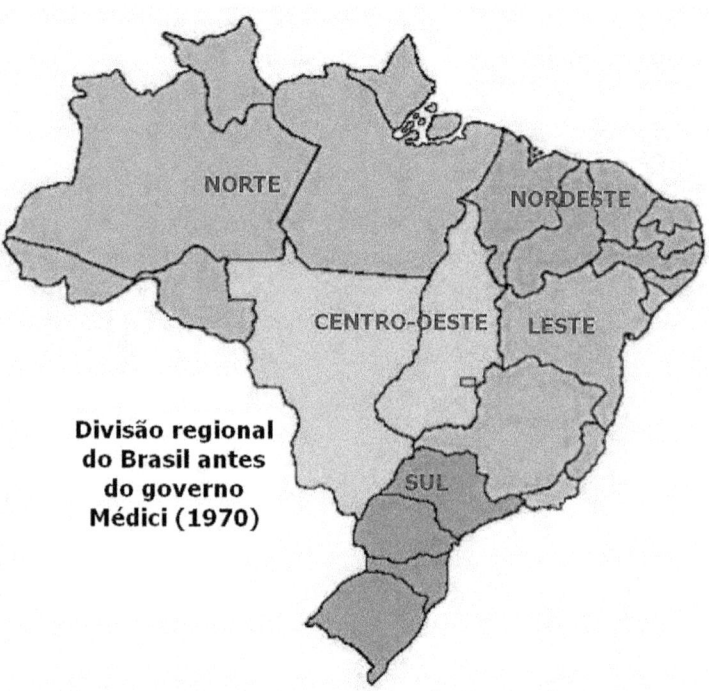

Divisão regional
do Brasil antes
do governo
Médici (1970)

@cacildo
cacildomarques@gmail.com

www.ingramcontent.com/pod-product-compliance
Lightning Source LLC
Chambersburg PA
CBHW051532170526
45165CB00002B/706